GOLDA MEIR

GOLDA MEIR

MADRE Y REINA DE ISRAEL

ÁNGELA OLIVARES GULLÓN

Copyright © EDIMAT LIBROS, S. A.
C/ Primavera, 35
Polígono Industrial El Malvar
28500 Arganda del Rey
MADRID-ESPAÑA
www.edimat.es

Reservados todos los derechos. El contenido de esta obra está protegido por la Ley, que establece penas de prisión y/o multas, además de las correspondientes indemnizaciones por daños y perjuicios, para quienes reprodujeren, plagiaren, distribuyeren o comunicaren públicamente, en todo o en parte, una obra literaria, artística o científica, o su transformación, interpretación o ejecución artística fijada en cualquier tipo de soporte o comunicada a través de cualquier medio, sin la preceptiva autorización.

ISBN: 84-9764-758-0
Depósito legal: M-28519-2005

Colección: Mujeres en la historia
Título: Golda Meir
Autor: Ángela Olivares Gullón
Coordinador general: Felipe Sen
Coordinador de colección: Mar de Ventura Fernández
Diseño de cubierta: Juan Manuel Domínguez
Impreso en: COFÁS

IMPRESO EN ESPAÑA – *PRINTED IN SPAIN*

ÍNDICE

Introducción 9

I.	Rusia: los años del miedo	13
II.	Milwaukee, un nuevo universo	19
III.	Golda y su primera actuación pública	25
IV.	Denver, nueva etapa	29
V.	Camino de Palestina	35
VI.	Adiós, América	41
VII.	Tel-Aviv, mágica y dura	45
VIII.	El *Kibbutz,* un sueño con toques de pesadilla	49
IX.	Jerusalén, y más años tristes	53
X.	Los problemas de una emigración desbocada	55
XI.	Despegando en Tel-Aviv	61
XII.	Las dudas de Inglaterra	65
XIII.	La enfermedad de Sarah: dos años más en América	69
XIV.	En el comité ejecutivo del *Histadrut*	73
XV.	La II Guerra Mundial y el terror nazi	79
XVI.	La guerra contra el Imperio británico	83
XVII.	Situación límite	89
XVIII.	El drama del *Exodus*	93
XIX.	La creación del estado de Israel	99
XX.	El nuevo Israel se prepara para defenderse	101
XXI.	Vientos de guerra	107
XXII.	El nacimiento de una nación	111
XXIII.	La Guerra de la Independencia	115

XXIV.	Luchando por Israel... desde América	119
XXV.	Embajadora en Moscú	123
XXVI.	La señora Meyerson, ministra de trabajo	131
XXVII.	Una gran compañía llamada Israel	137
XXVIII.	Golda Meir, ministra de asuntos exteriores	143
XXIX.	La fulminante campaña del Sinaí	151
XXX.	Tiempo de relaciones	155
XXXI.	Junio de 1967: la Guerra de los seis días	161
XXXII.	Señora Meir, primera ministra	171
XXXIII.	Años de afirmación	175
XXXIV.	La Guerra del *Yom Kippur*	181
XXXV.	Epílogo a una larga e intensa vida	183

Términos en hebreo	187
Bibliografía	189

Los que no saben llorar con todo su corazón, tampoco saben reír.
(Golda Meir)

A veces pienso que Golda es el único hombre que tengo en mi Gobierno.

(**Ben-Gurión, fundador** del Estado de Israel, hablando sobre el valor y la capacidad de decisión de su ministra de Asuntos Exteriores, Golda Meir.)

INTRODUCCIÓN

No eran tiempos en los que el feminismo hubiese alcanzado las cotas que poco después lo equipararían al peor de los machismos, en una curiosa inversión de valores pero con un completo sostenimiento de errores; eran tiempos en que sólo algunas damas, de esas a quienes se suele acabar calificando como «de hierro» (puede verse Thatcher, por ejemplo), eran capaces, o estaban capacitadas, para sentarse a una mesa con los hombres más poderosos del mundo, obligarlos a escucharlas, a inclinarse e incluso a callarse. Eso hizo Golda Meyerson, nacida en Kiev y educada en Estados Unidos, con hombres como John Fitzgerald Kennedy, Charles De Gaulle, Richard Nixon, Henry Kissinger, Harold Wilson... y con otros más cercanos pero igualmente duros, desde Ben-Gurión a Moshe Dayan.

En este libro abordamos la vida de Golda, nacida Mabóvitch, Meyerson tras casarse, y Meir, tras hebraizar su nombre para hacerlo menos americano, al ser nombrada ministra de Exteriores; la abordamos no sólo desde un punto de vista estrictamente político, no sólo como la figura importantísima que dedicó su vida a un fin y lo consiguió: fundar un Estado para su pueblo, sino también desde ese otro punto de vista que quizá es más importante, el humano, el de una mujer que fue primero joven, luego esposa y madre y por fin dama guerrera que aprendió a luchar porque, en el mundo en que vivió, sólo la lucha permitía sobrevivir.

Golda Mabóvitch nació en Kiev, Rusia, el 3 de mayo de 1898. Lo hizo en un mundo de pobreza extrema, de permanente angustia a causa de los *pogroms*, aquella bestial persecución a que los cosacos rusos sometían a los judíos, que acabó provocando que su familia emigrara a los Estados Unidos en 1906. Y allí, a Milwaukee, llegó Golda con ocho años recién cumplidos para empezar a recibir una educación americana. Su nuevo universo era bien diferente de aquel del que provenía, y sin duda era también mucho mejor. Llegaba cargada de recuerdos durísimos, de amargura y de miedo, y fueron aquellas visiones del dolor y el pánico sentidos tan de cerca las que la condujeron por el camino del sionismo más visceral. En 1915 se unió al Partido Laborista Sionista, y puede decirse que ahí comenzó la etapa decisiva de su vida.

A los dos años de haberse metido de lleno en la política se casó con un judío norteamericano, Morris Meyerson, con quien en 1921 se fue a vivir primero a un *kibbutz*, una granja colectiva, y más tarde a Jerusalén. Prácticamente desde que decidió dedicarse a luchar por su raza y por encontrar esa tierra prometida que quizá no existía, Golda Meyerson se fue convirtiendo en líder y profeta de su tierra y sus hermanos de raza.

En el año 1922 fue elegida delegada de Merhavia en una convención del movimiento *Kibbutz*, y en 1928 fue nombrada secretaria ejecutiva de la Unión Laborista de Mujeres. En 1930 conoce a Ben-Gurión, que la convierte en una de sus camaradas más apreciadas y le concede toda su confianza. Fue Gurión quien le aconsejó que cambiase su apellido ruso y lo hebraizase, y a partir de entonces sería ya para siempre y para todos Golda Meir, cuyo significado hebreo es «nacida brillante».

En Palestina se convierte en estratega y líder del departamento político de la *Histadrut* (Organización Laborista de Israel), lo que le sirve como excelente escuela de formación para prepararse como estadista y entrar en la lucha por la fundación de un nuevo país para su gente: Israel. Y cuando el 14 de mayo de 1948 Israel se convirtió en un Estado independiente, Golda Meyerson fue una de las firmantes de la declaración de independencia. Ese mismo año es nombrada embajadora en Moscú, donde permanece hasta 1949, y a su vuelta resulta elegida representante a la *Knesset*, el Parlamento de su nuevo país, como miembro del partido *Mapai*, (Partido de los Trabajadores Israelíes) donde militó y trabajó durante el siguiente cuarto de siglo. Fue ministra de Trabajo entre 1949 y 1956, y más tarde se encargó de las infraestructuras de su floreciente nueva tierra, cuyo desarrollo económico y de servicios básicos recibió bajo su gestión un impulso impresionante; las carreteras, la vivienda y los transportes crecieron de forma paralela a como lo hacía su boyante economía, mientras Golda, además, se volcaba en apoyar la política de inmigración absoluta, es decir, en facilitar el retorno a Israel de cuantos judíos desperdigados por toda la faz del planeta quisieran alcanzar por fin su tierra prometida. En 1956 es nombrada ministra de Relaciones Exteriores, cargo que ocupa hasta 1965, y por fin, en 1969, en el momento más difícil y comprometido desde que el nuevo país viera la luz, se convierte en primera ministra del Estado judío.

Luchó siempre, por encima de todo y sobre todas las cosas, por encontrar una paz estable en aquella tierra que era un volcán en permanente amenaza de erupción. Recorrió Europa y América, visitó al papa Pablo VI y a docenas de jefes de los cinco continentes. En 1973 vivió su peor y más difícil momento cuando estalló la *Guerra del Yom Kippur*, provocada por Egipto y Siria, y a causa de la cual fue duramente criticada. Tras cincuenta años de servicio constante a su país y renuncia absoluta a su propia vida, se retiró en abril de 1974. Durante sus años como primer ministro tuvo que afrontar cuatro guerras contra los árabes, todas ellas con victoria de Israel, o ataques terroristas tan graves como la matanza de atletas judíos en la Olimpiada de Munich por la organización terrorista *Septiembre Negro*. En todos los múltiples casos en que tuvo ante ella problemas de enorme calado, supo reaccionar con frialdad e inteligencia, y sobre todo con prudencia. Por eso, durante décadas fue una de las personalidades más respetadas de Israel, tanto dentro como fuera de su país.

Para los israelíes, Golda Meyerson, Golda Meir, fue siempre una especie de «Reina Madre», una figura superior y querida que les infundía valor, confianza y seguridad. Siempre que había un gran problema, siempre que se necesitaba a alguien con prestigio mundial para hacer frente a una situación límite, Israel recurría a Golda Meir. Ella, como Ben-Gurión, personificaba la esperanza de todo un pueblo por encontrar su supervivencia en paz tras haber renacido procedente de un abismo, de aquel infierno del Holocausto nazi y de una hégira de dos mil años, y que ahora debía luchar contra otro infierno diferente, el de un mundo islámico que se negaba a aceptar su existencia.

Golda Meir fue una de las mujeres más relevantes e importantes del siglo XX; cuando en 1978 su quebrantada salud no pudo seguir sosteniéndola, el mundo entero, amigos y enemigos, reaccionó ante su desaparición con tanto respeto como pena: nadie pudo nunca acusarla de belicista ni de sectaria sino que, muy al contrario, fue considerada por todos como la conciencia del pueblo judío. Y hoy, todos los judíos del mundo la recuerdan con un nombre que ya forma parte de su historia: «Nuestra Golda».

Cuando empecé a escribir este libro consideraba a Golda Meir un personaje importante, decisivo para la Historia del mundo del siglo XX y del que ahora vivimos, pero era alguien distante, una especie de ser superior de personalidad imaginada. Cuando lo terminé, tras haber buceado en su vida y conocido cada uno de los rasgos de su personalidad y su carácter, Golda Meir pasó a ser para mí un personaje entrañable, real, extraordinariamente humano e infinitamente interesante, además de incalculablemente valioso. En alguna parte leía alguna vez que Golda Meir fue una de las mujeres más importantes de la Historia de la Humanidad. Ahora estoy en condiciones de afirmar que aquello que leí es cierto, y que estoy completamente de acuerdo con esa apreciación.

Ángela Olivares

Madrid, enero de 2005

---

* Para facilitar la lectura, en la página 187 encontrará el lector una relación de los términos hebreos más utilizados, que en este libro aparecen en cursiva.

I. RUSIA: LOS AÑOS DEL MIEDO

El 3 de mayo de 1898, en Kiev, vino al mundo una niña judía llamada Golda Mabóvitch. Y ese mundo que le tocó en suerte no era precisamente bonito, ni agradable, ni siquiera humano. Golda nació nadando en un océano de privaciones, de penalidades, de miedo y de desdicha, y así iban a transcurrir, invariablemente, los primeros terribles ocho años de su vida.

Su padre, Moshe Yitzhak Mabóvitch, era un carpintero que quería mejorar las tristes condiciones de vida que sufrían, y para ello se había decidido a pasar un examen que le permitiría conseguir un traslado a Kiev, una ciudad donde habitualmente no permitían residir a los judíos. Pero era bueno y fue aceptado para trabajar para el gobierno, haciendo muebles para edificios oficiales. Montó su propia carpintería, pero fracasó y tuvo que seguir sobreviviendo en una ciudad completamente hostil. Moshe era un ucraniano optimista y de buen carácter, y aún en las terribles condiciones en que él y su familia sobrevivían día tras día, entre el miedo, la incertidumbre y la miseria, siempre confiaba en que las cosas mejorarían, pese a vivir con una espada de Damocles pendiendo de manera permanente sobre las cabezas de todos ellos.

Por otra parte, las terribles condiciones de vida que habían de soportar en Kiev iban minando las voluntades de Moshe y de su mujer, Blume. Durante aquellos años en Kiev, cuatro hijas del matrimonio murieron muy pequeñas, dos de ellas antes de cumplir un año y las otras dos sólo un mes después de nacer. Sólo sobrevivió la hija mayor, Sheyna, y cuando ésta tenía nueve años, nació Golda.

Vivían en el primer piso de una pequeña casucha de Kiev, sin apenas combustible para calentarse y en un permanente estado de terror provocado por los constantes *pogroms*, las razias que los cosacos rusos organizaban contra los judíos. Grupos de sujetos brutales y enloquecidos recorrían las calles y los barrios donde habitaban familias judías, armados con garrotes, machetes y cuchillos para aterrorizar a quienes llamaban «asesinos de Cristo». Cuando aquellos salvajes organizaban una de sus cacerías, los judíos sólo podían encerrarse en sus casas y clavar las puertas con algún débil tablón, siempre con el permanente riesgo de que alguno de aquellos asesinos pudiera derribar la endeble barrera y asesinar impunemente a la indefensa familia. Golda, a los cinco años, ya sabía por qué les ocurrían aquellas cosas: porque eran judíos. Ya empezaba a saber y a asimilar lo que significaba «ser judío».

Pero tanto Moshe como Blume procuraban infundir en la niña toda la seguridad de que eran capaces; también Blume, como su marido, era optimista por naturaleza, y quizá ello se debía a que era la mejor manera, o quizá la única, de poder afrontar y soportar aquella vida infernal. Blume era pelirroja, vivaracha, inteligente y muy perspicaz, una de esas mujeres perfectamente capacitadas para contrarrestar el exceso de inocencia o de simpleza de un marido bueno pero un tanto infeliz, como era el caso de Moshe. No tenían gran cosa, pero ante las niñas simulaban vivir de una forma alegre y siempre esperando algo bueno del futuro. Pero lo cierto es que no tenían apenas comida, ni ropa, ni carbón para la estufa, y tanto Golda como sus hermanas, Sheyna y la pequeña Zipke, se daban perfecta cuenta de que allí no se estaba nada bien, por mucho que sus padres anduvieran siempre con una canción en la boca. Unas tristes gachas de harina oscura solían ser el plato fuerte de sus comidas y cenas, y eso sólo cuando había harina, que no era siempre.

Cinco años tenía *Goldele* —que así la llamaban en casa— cuando sus padres decidieron abandonar la inhabitable Kiev y volver al pueblo donde se habían casado y del que habían salido en busca de un futuro mejor. Parecía claro que ese futuro no estaba donde lo habían buscado, y ahora, con tres niñas pequeñas, resultaba mucho más atractivo regresar a aquella humilde vida en Pinsk que seguir viviendo en el infierno de Kiev. Así que, en 1903, los Mabóvitch retornan al pueblo donde Moshe había llegado un día para hacer el servicio militar, conocer a Blume y casarse con ella. Pinsk, un gran pueblo situado entre dos grandes ríos, el Pina y el Pripet, ambos afluentes del Dniéper, era un centro importante de la vida de los judíos en Rusia, y al menos allí, donde vivían sus abuelos y tenían amigos, podrían evitar la sensación de terror permanente que aquellos *pogroms* de Kiev les metían en el alma.

Golda Meir acompañada por el ministro de Asuntos Exteriores Abba Eban y el embajador israelí en los Estados Unidos Yitzhak Rabin, en Nueva York, 1969.

En Pinsk vivieron unos años más tranquilos, sin grandes miedos pero también sin unas perspectivas de futuro que pudiesen considerarse mínimamente halagüeñas. Moshe, a pesar del fiasco de Kiev, no renunciaba a la búsqueda de un mejor futuro para su familia, y empezó a pensar en algo más arriesgado que en un simple traslado por el interior de Siberia. América se aparecía en sus sueños como la tierra de promisión que les permitiría vivir mejor, sin miedo y sin aquella miseria permanente que poco a poco se iba comiendo sus esperanzas. Y un buen día Moshe decidió irse a América a probar fortuna; dejaría a las tres niñas y a su mujer en Pinsk y regresaría cuando hubiese conseguido ganar suficiente dinero como para reiniciar en Rusia una vida mejor. Y Blume y las tres niñas se quedaron a vivir en casa de sus abuelos mientras Moshe marchaba en busca de un nuevo mundo.

Aunque los padres de Golda no eran excesivamente religiosos, limitándose a cumplir los preceptos y normas establecidas pero sin grandes excesos espirituales, en la casa del abuelo Mabóvitch se respiraba otro aire bien distinto; era un judío ortodoxo al que ni las más duras penalidades habían conseguido arrancarle una sola de sus férreas convicciones. Absolutamente intransigente consigo mismo y con los demás en cuanto al cumplimiento estricto de la Ley de Dios, ejerció una notable influencia sobre las niñas durante aquellos años que vivieron en Pinsk, y buena parte de su voluntad de hierro fue heredada por la pequeña Golda; como también la abuela materna, *Bobbe Golde*, famosa en la aldea por su fuerte carácter y su capacidad de decisión, imprimió en la niña una serie de características personales que formarían para siempre parte de su indestructible personalidad. Según todos decían, abuela y nieta eran enormemente parecidas en muchas cosas.

Tres años pasó Moshe en América intentando abrirse camino; su plan era ahorrar dinero para volver a Rusia, pero las cosas no salieron como había previsto. Mientras en el nuevo mundo Moshe no conseguía salir de la miseria, en Pinsk las cosas tampoco andaban mucho mejor; Sheyna, la mayor de las tres hermanas, se estaba convirtiendo en una revolucionaria problemática a la que la policía tenía bien vigilada. Sheyna, de cuando en cuando, acababa en la comisaría, donde recibía una salvaje paliza que, sin embargo, no le causaba el menor efecto. Quería dos cosas: derrocar al Zar y fundar un Estado socialista-sionista. Todo eso era observado con curiosidad y cierta admiración por la pequeña *Goldele*, demasiado joven aún para entender bien todo aquello, pero muy consciente por otra parte, de que ese mundo no le gustaba y había que cambiarlo, porque tampoco en Pinsk estaban libres de las agresiones de los cosacos y también allí podía percibir que ser judío en Rusia era algo peligroso.

Sheyna iba avanzando en su camino revolucionario a buena velocidad, y la familia empezaba a correr serios riesgos de acabar mal por causa de aquello. La muchacha y su grupo de amigos pertenecían al naciente movimiento sionista que se estaba desarrollando en distintos países y que crecía con una fuerza directamente proporcional a como aumentaban los problemas que los judíos tenían en todo el mundo. Un pueblo sin tierra, sin un lugar que considerar suyo, era un pueblo al que todos, en todas partes, consideraban un intruso. Aquellos jóvenes, los nuevos judíos de principios del siglo XX, luchaban por conseguir por fin un país donde vivir; esa era toda la base del movimiento sionista más radical, el de los *Poalei-Zion*, los Sionistas-Laboristas a los que pertenecía Sheyna. Esa era su principal razón de ser, aunque no única, porque su ideario no se limitaba a la búsqueda de un país, sino de todo un sistema de justicia y organización social para su raza en cualquier parte del mundo. Eran nacionalistas e independentistas, y en aquella organización Sheyna conoció al que más adelante sería su marido, un activista llamado Shamai Korngald, alias *Copérnico*, que pronto formó parte de la familia de Golda y comenzó a ejercer una evidente influencia sobre la muchacha.

Cuando se fueron de Kiev creyeron haber dejado atrás los problemas de los *pogroms* y el terror a los cosacos, pero no fue así. También en Pinsk las cosas empezaban a ponerse muy mal y un miedo sordo, agobiante y permanente volvió a formar parte de la vida de la familia Mabóvitch. El peligro de que tanto Sheyna como Golda acabaran teniendo serios problemas con la policía se hacía cada día más evidente, y Blume decidió cortar por lo sano. Escribió a Moshe marcándole un ultimátum: o las llevaba a los Estados Unidos o ella se marcharía con las niñas a donde fuera, pero lejos de los problemas y el peligro cada día mayores que tenían que afrontar en aquella Rusia en plena convulsión.

Moshe no estaba precisamente en una situación pletórica, ni económica ni profesionalmente, pero las cartas de su mujer le preocuparon mucho. Había dejado Nueva York para irse a probar suerte en Milwaukee, donde había menos miseria y algunas oportunidades más que intentar aprovechar. Allí buscó trabajo en el ferrocarril y consiguió empezar a ahorrar a toda prisa para los pasajes de la familia. Aunque aún tardarían meses en poder dejar Rusia, Blume se apresuró a alejar a las niñas del doble peligro, el de los revolucionarios y el de los cosacos, y prácticamente las encerró en una panadería, donde trabajaban día y noche sin apenas salir a la calle para evitar que se metieran en líos.

Por fin, el dinero de los pasajes llegó y Blume y sus tres hijas pudieron dejar atrás Pinsk y sus pesadillas. Con la frontal oposición de Sheyna, que se negaba a abandonar a Shamai, y en medio de un mar de lágrimas de toda la familia, que las veía marchar sin esperanza de volver a verlas jamás, los últimos días en Pinsk fueron tan alegres e ilusionantes, por una parte, como tristes y llenos de incertidumbre por otra. El viaje que les esperaba era larguísimo, toda una odisea que en aquellos años se veía como una aventura cargada de peligros. Pero no había opción, y Blume lo sabía. Las cosas sólo podrían mejorar ya que era muy difícil que pudieran ponerse peor de lo que ya lo estaban, y sólo hacía falta un poco de valor para afrontar el reto. La vivacidad optimista de la Blume de otros tiempos volvió a renacer, y a ella se agarró para superar el trance.

II. MILWAUKEE, UN NUEVO UNIVERSO

Para Blume y sus tres hijas, aquel día de 1906 en que iniciaron su viaje rumbo a América se abrió algo más que un horizonte nuevo. No iban a cambiar simplemente de mundo, sino de universo. Toda su vida, todas sus costumbres, todo cuanto sabían y a cuanto estaban habituadas se convertía en un mero recuerdo. Aquel viaje que prometía ser una odisea cumplió exactamente su promesa, porque estuvo cargado de dificultades, sustos, problemas y zozobras de todo tipo. El primer obstáculo fue que hubieron de hacerse pasar por otras personas utilizando nombres falsos, porque su padre, cuando se marchó a América tres años antes, se había llevado con él a la esposa e hijas de un amigo para hacerle un gran favor que ahora le podía costar caro. Consiguieron pasar la frontera de Galitzia con sus falsas identidades, pero Blume tuvo que sobornar al policía de aduanas con casi todo el dinero que llevaba. Cuando al fin pasaron la frontera y accedieron al tren que las llevaría al puerto, perdieron casi todo su equipaje, que o se extravió o fue sencillamente robado por los aduaneros, que sabían que aquella mujer y sus hijas no protestarían, como así fue. Y de tal guisa, sin equipaje, sin dinero, a varios grados bajo cero y con un miedo agónico en el cuerpo, madre e hijas pasaron aquella maldita primera noche y los dos días siguientes en una cabaña sin calefacción, esperando ser llevadas al barco que las sacaría de aquel infierno helado.

Por fin, un cochambroso y destartalado tren hizo su aparición en aquella especie de tierra de nadie, y en él subieron Blume y sus tres hijas. El paso del helado suelo de la cabaña al helado banco de madera del vetusto vagón les pareció una sustancial mejora en sus vidas, y mientras se iban alejando kilómetro a kilómetro de aquella tierra rusa, que por un lado amaban y por otro aborrecían, su universo iba cambiando de color. Pasaron por docenas de pueblecitos que parecían puestos ahí como sistema para procurar un lento pero sorprendente cambio del paisaje, y cuando llegaron a Viena notaban ya grandes diferencias en todo, en las casas, las gentes, la ropa... y la escasa comida que podían conseguir. Y por fin, Amberes, punto final de aquella primera etapa. Allí estaba el barco que iba a llevarlas a otro mundo, y tras dos días de espera en un centro de inmigración, por fin subieron a bordo. Iban a ser catorce días de travesía incómoda y agobiante, en un diminuto camarote interior que compartían con otras cuatro personas, haciendo colas de horas para conseguir algo de comida y durmiendo sobre colchonetas sin sábanas ni mantas. El problema de la escasez de comida no fue, sin embargo, el mayor, pues el pertinaz e interminable mareo que las cuatro sufrieron durante todo el viaje les hizo añorar muy poco aquella bazofia que les daban como rancho... Sólo la esperanza de llegar alguna vez las mantenía conscientes de lo que estaban viviendo, y sólo dándose ánimo unas a otras, recordándose cada día mutuamente que ya faltaba un día menos para salir de aquella condenada bañera, pudieron superar semejante especie de pesadilla náutica. Y así, amarillentas, ojerosas, delgadas y hechas trizas llegaron a América las cuatro mujeres de la familia Mabóvitch.

La pesadilla rusa había terminado, y ahora, pasase lo que pasase, cualquiera que fuese la circunstancia que se diese, todo iba a ir mejor sencillamente porque era muy difícil que las cosas pudieran empeorar. Cuando llegaron a Milwaukee, Moshe las estaba esperando, evidentemente preparado para impresionarlas y aprovisionarlas de una dosis de ilusión que en verdad iban a necesitar. Se había vestido de punta en blanco pero «a la americana», con el pelo corto, afeitado y vestido a la moda de su nuevo país. No es que Moshe renegase de nada, es simplemente que estaba adaptándose en todo lo posible a su nueva vida y a su nuevo mundo, y las mujeres deberían hacer lo mismo. Se mostró muy fino y pulido el bueno de Moshe, dándose aires de *dandy* de altos vuelos y haciendo aspavientos sobre el horrible aspecto que presentaban sus cuatro mujeres. Sin mediar discusión ni consulta alguna, a la mañana siguiente de su llegada se las llevó de compras y las cambió de pies a cabeza. Sheyna, sorprendentemente la más tradicionalista y conservadora, mucho más que su propia madre, se indignó profundamente y sufrió un ataque de rabia al verse despojada de su vestido negro, que había sido reemplazado por ropas mucho más coloristas y adecuadas. Se negó tajantemente a llevar la ropa que su padre le había comprado, y en ese momento se produjo entre ellos el primero de una interminable serie de enfrentamientos que marcarían toda su relación futura en cualquier campo y sobre cualquier tema. Mientras Moshe quería a toda costa sentirse americano, integrarse en su nuevo país tras haber renunciado definitivamente a volver a su antigua vida en Rusia, Sheyna seguía comportándose como una pseudo-revolucionaria disconforme con todo, en plena ruptura con el mundo que la rodeaba y a la vez mostrando un comportamiento que iba mucho más allá del tradicionalismo más integrista. Moshe, el judío americano, se avergonzaba de su hija, y ésta, a su vez, renegaba de su padre.

Sheyna era la única de la familia a la que no le gustaba aquella nueva vida en Milwaukee; los demás no sólo se adaptaron rápidamente, sino que no tardaron en sentirse allí mucho mejor que en la vieja Rusia, que muy pronto dejaron de añorar. Aunque vivían en el barrio judío de Walnut Street, uno de los más humildes de la ciudad, aquellas casas y aquellas calles comparadas con Pinsk, eran para ellos poco menos que un *Beverly Hills* de 1906. Ocupaban un pequeño piso bajo que les parecía casi un palacio pese a que no tenía ni electricidad ni baño propio; dos habitaciones, una cocinita y un pequeño local que su madre pronto convirtió en una lechería y más tarde en una tienda de comestibles para reforzar la escueta economía de Moshe, que con su carpintería no ingresaba dinero suficiente como para que sobrase nada. Pero Blume, tan emprendedora como siempre, sin hablar ni dos palabras de inglés y recién llegada a un lugar que no conocía, ya se había convertido en arriesgada comerciante en una rápida decisión que desde luego no puede considerarse afortunada. La tienda no sólo fue una pequeña ruina, sino que sembró la discordia entre los miembros de la familia y amargó sus vidas de cien maneras. Ni Moshe ni Sheyna quisieron saber nada de la tienda, y todo el trabajo recayó sobre Blume y, de rebote, sobre la pequeña Golda, cuya afición por el comercio era completamente inexistente pero que se vio obligada a pasar muchas horas del día metida en aquel tenducho ayudando a su madre. Moshe se sentía ofendido pensando que su mujer no confiaba en él, y Sheyna se negaba a convertirse en «un gusano capitalista», y se buscó un trabajo como costurera en una sastrería, trabajo que odiaba y que hacía muy mal pero que le permitía sentirse más «proletaria» y capacitada para quejarse de la explotación de que era objeto.

Pero todos aquellos problemas de la familia no afectaban demasiado a *Goldele*, que cada día se sentía más a gusto en su nuevo país.

Cuando llegó a América sólo hablaba *yiddish* —el ruso se convirtió en un recuerdo— pero ni una palabra de inglés. No obstante, se aplicó a aprenderlo rápidamente, y se le dio bastante bien. En su barrio todo el mundo hablaba *yiddish*, por lo que no tuvo problemas de adaptación, pero no dejó de lado el aprendizaje de la lengua que le permitiría salir de las fronteras de su diminuto microcosmos judío. Comenzó a ir a la escuela, a tener amigas y a conocer más a fondo aquel país en el que todo era nuevo y sorprendente. Ella misma se extrañaba de que nada le pareciese raro ni chocante, de su excelente adaptación al nuevo ambiente, en una reacción exactamente opuesta a la que estaba experimentando su hermana mayor. Mientras Sheyna vivía en Milwaukee a disgusto, añorando a su querido Shamai y radicalizando sus posturas políticas para disgusto de sus padres, Golda pasó los cinco años que vivieron allí de una forma cada día más agradable, haciendo numerosas amigas, sintiéndose bien en la escuela y aprendiendo a sentirse libre. Tanto que, cuando le apetecía, en lugar de irse a la escuela se iba por ahí con sus amigas a conocer mundo.

De pronto, un buen día el sol volvió a salir para Sheyna. Supo por una carta llegada de su familia de Pinsk que su amado y conflictivo Shamai había sido detenido y encarcelado, pero que había conseguido fugarse y, tras muchas vicisitudes, llegar a Nueva York. Le enviaban además su dirección, y Sheyna se puso inmediatamente en contacto con él, y Shamai se apresuró a emprender el camino de Milwaukee. Pero si la noticia había supuesto para Sheyna una alegría indescriptible, en sus padres no despertó entusiasmo alguno el anuncio de que pensaba casarse con él. Les parecía que aquel muchacho no sólo no tenía futuro alguno porque no sabía hacer nada, sino que además era un desgraciado palurdo que no tenía donde caerse muerto... y que para colmo además procedía de una buena familia que jamás aprobaría aquella unión.

El permanente «estado de guerra» entre Sheyna y sus padres seguía como siempre, y también como siempre cada uno seguía en sus trece sin la menor intención de ceder un ápice. Sheyna enfermó gravemente de tuberculosis y hubo que llevarla al Hospital Antituberculoso Judío de Denver, mientras Shamai se marchaba a Chicago, desesperado, para buscar allí un trabajo. Ya llevaban dos años en Milwaukee y las cosas no parecían mejorar demasiado, si bien su situación en ese momento no podía ni compararse con la de poco antes en Rusia. Era simplemente que se estaban acostumbrando a una vida mejor y, como siempre sucede, cuando algo que no se tenía y se añoraba se obtiene al fin, deja de valorarse como antes... Pero Moshe tenía poco trabajo y escasos ingresos, la tienda iba bastante mal y a veces no daba más que para cubrir gastos, y además había que ahorrar para el hospital de Sheyna.

Entre tanto Golda iba creciendo y desenvolviéndose cada vez mejor; cada día ayudaba más a su madre, que sufrió una larga enfermedad a causa de un aborto, y llegó a cargar con todo el trabajo: el de la casa y el de la tienda, y aún le quedaba tiempo para ir a la escuela y salir de cuando en cuando con sus dos amigas, Regina Hamburguer y Sarah Feder, quien llegaría a ser una de las más importantes dirigentes del sionismo laborista en los Estados Unidos. Con Sarah y Regina, Golda iba al teatro o a aquel asombroso espectáculo llamado cinematógrafo, el no va más de la tecnología futurista.

III. GOLDA Y SU PRIMERA ACTUACIÓN PÚBLICA

Aquel día en que, con once años y mucha decisión *Goldele* se puso por primera vez ante un auditorio para pedirle a la concurrencia una serie de cosas, ni ella ni nadie en la tierra podían pensar que esa misma niña, unas décadas después, haría lo mismo en lugares como las Naciones Unidas o cualquier otro de los foros más importantes del planeta. Para entonces pediría a sus auditorios que evitaran una guerra, pero ahora, de momento, les pedía donativos para comprar libros de texto para las niñas que no podían pagarlos. Pero sea como sea, la autoridad y seguridad demostrada por *Goldele* en su primera intervención iban a sentar las bases para toda su futura ejecutoria como oradora y como líder. Nadie le pidió que lo hiciera, pero a Golda le gustaba hacer cosas. Estaba en cuarto grado cuando se le ocurrió, junto a su amiga Regina, organizar la Sociedad de Jóvenes Hermanas Americanas, una especie de ONG surgida de la nada y que, sin embargo, resultó ser bastante más efectiva, dentro de su modestia, que cualquiera de las que hoy funcionan a golpe de subvención. Montaron Golda y Regina una reunión pública para hablar sobre los libros de texto. Aunque la escuela era gratuita, los libros costaban algo de dinero, una cantidad pequeña pero que no todo el mundo podía pagar. Golda, con gran soltura, se invistió de autoridad autonombrándose presidenta de la Sociedad, y ya revestida del mando necesario alquiló una sala, la *Packen Hall*, envió invitaciones (escritas a puño y lápiz, por supuesto, lo que le costó muchas horas de trabajo amanuense) y consiguió, para asombro de todos y especialmente de ella misma, que varias docenas de personas acudieran a su convocatoria. Allí les dijo que todos los niños, tuvieran o no dinero, deberían tener libros de estudio, y organizó una colecta para recaudar fondos. Amenizó el acto con una lectura de un poema socialista en *yiddish* realizada por su hermana Zipke, —quien acababa de cambiar su nombre por el de Clara para mayor adaptación al medio— y que obtuvo un éxito resonante. Consiguieron recaudar una suma más que suficiente para libros, y el éxito artístico de Zipke-Clara tampoco fue cosa desdeñable, ya que recibió una cerrada ovación tras concluir su un tanto repipi declamación poética. La cosa fue tan sonada que hasta un periódico de Milwaukee dio la noticia, para asombro de Moshe y Blume, quienes, de haberlos conocido, quizá en aquel momento se hubieran sentido como los padres de los Hermanos Marx, otros ilustres judíos que andaban por aquellas sorprendentes tierras de promisión. La noticia decía poco más o menos:

Un grupo de niñas que dedican su tiempo libre y sus escasos centavos a la caridad, una caridad organizada por su propia iniciativa, sin ayuda de nadie y sin que nadie les haya pedido que lo hicieran, ha puesto sobre el tapete una cuestión tan importante como vergonzosa; lo que han hecho, recaudar fondos para financiar los libros de los niños que no pueden pagárselos, constituye por sí mismo una fuerte crítica al hecho de que hay niños que no pueden ir a las escuelas públicas simplemente porque carecen de libros... Piensen en lo que ello significa.

Durante unos días Golda y Clara fueron literalmente veneradas en Walnut Street, en la Escuela de la Calle Cuarta y en todo el distrito en general; aquel baño de prestigio resultó muy útil para que Golda y Regina consiguieran un trabajo considerablemente mejor que el que cabría esperar para dos adolescentes, y en aquel verano de 1909 ambas directivas de la Asociación de Jóvenes Hermanas Americanas se convertían en vendedoras en una galería comercial del centro de la ciudad. Como, a pesar de lo humilde de su nuevo trabajo (era recadera y hacía paquetes), Golda ganaba bastante más dinero ahí que en la tienda, se vio exonerada del esclavizante comercio familiar, con lo que ganó muchos enteros en lo referente a lo que ella consideraba «calidad de vida». Y con catorce años, iba cada día caminando a su trabajo, ahorrando el dinero del tranvía para comprarse un abrigo. Terminó la escuela elemental con buenas notas, resultó elegida para ser ella quien leyera el discurso de fin de curso y se preparó para ir a la escuela superior pensando en llegar algún día a ser maestra, lo cual constituía en aquel momento su sueño dorado y su única meta.

Como suele suceder, entre los planes que la joven tenía y los que su madre había forjado para ella existían notables diferencias; Blume no quería que Golda fuese maestra sino que trabajase todo el día en la tienda familiar y fuera pensando en casarse. Si quería aprender una profesión, que no fuera la de maestra, sino la de secretaria y mecanógrafa, menos complicada y más rentable. A las maestras la Ley les prohibía casarse, y sus padres no querían verla convertida en una solterona. Golda intentó convencerles, les aseguró que lo de casarse era lo que menos le importaba en aquel momento (tenía catorce años), que la cultura era importantísima... y que, en todo caso, prefería morirse a pasarse la vida inclinada sobre una máquina de escribir y metida en una oficina.

El pertinaz estado de guerra entre Sheyna y sus padres, amortiguado por la ausencia de ésta, que seguía en el hospital, cambió ahora de protagonista en uno de sus bandos. Golda heredaba el papel de su hermana en la interminable batalla familiar, en la que al final siempre aparecía aquella odiosa tienda, especie de peste o maldición bíblica para todos los miembros de la familia con la única excepción de Blume. Eran momentos en los que Golda llegaba a sentir una profunda aversión por el comercio minorista.

Fueron días desagradables para Golda; sus padres se negaban en redondo a permitirle seguir estudiando, pero ella se negaba a su vez a renunciar a sus planes. Entonces se enteró de que Sheyna, ya muy mejorada, iba a casarse con Shamai, que había conseguido trabajo en Denver para estar a su lado. Ambos la animaban a no rendirse, y lo cierto es que sus consejos infundieron valor en Golda. En aquel otoño de 1912, tras tres meses de interminables e inútiles discusiones, Golda se matricula en la Escuela Superior del Distrito Norte de Milwaukee y comienza sus estudios superiores, financiándoselos ella misma mediante un sinnúmero de variados empleos que simultanea con rara habilidad. No necesita pedir nada a sus padres, así que tampoco éstos pueden impedirle que siga estudiando. Los disgustos y las peleas siguen a la orden del día, y Golda piensa en irse de casa cuanto antes para tener un poco de paz. Pero su madre hizo algo que finalmente acabó con la paciencia de la muchacha: intentó buscarle un marido y organizarle una boda con algún joven que no se pareciera en nada al marido de su hija mayor. Blume, con una enorme carga de ingenuidad, pensaba que Golda iba a plegarse a semejante plan, manteniendo un noviazgo de cuatro o cinco años y luego casándose con un respetable ciudadano escogido por su madre... para finalmente, con toda probabilidad, acabar metida en aquella indecente tienda infernal. Fue la gota que colmó el vaso.

Cuando le escribió a su hermana contándole los planes de su madre, que ya le estaba buscando novio y empezaba a "meterle por las narices" a un tal señor Goodstein, un solvente comerciante de treinta y tantos años que a Golda le parecía un anciano, Sheyna volvió a aconsejarle firmeza, y la invitó a irse a vivir a Denver con ellos para librarse de aquella presión. Y aquella carta fue lo que la decidió. Golda hizo sus maletas y se fue de casa. No veía otra opción, pues para ella el hecho de dejar de estudiar para casarse con Goodstein era tan apetecible como irse a trabajar a una mina de carbón durante el resto de su vida. Golda decidió irse a Denver, donde su vida daría un nuevo e importantísimo giro.

IV. DENVER, NUEVA ETAPA

Según ella misma reconocería durante toda su vida, aquel traslado a Denver fue absolutamente decisivo para su futuro. Fue allí donde empezó realmente a vivir, a adquirir una formación sólida, a forjar su carácter y a saber qué era lo que de verdad quería poner en su futuro.

Naturalmente no le resultó sencillo en modo alguno realizar su plan, pese a que nunca había estado más segura de una decisión. Estaba claro que si sus padres se enteraban de lo que pensaba hacer se lo impedirían (podían hacerlo, pues sólo tenía catorce años), así que se imponía la estrategia del hecho consumado. Junto con Regina elaboraron un meticuloso plan de fuga mientras recopilaban dinero para el billete, pues era caro y no le llegaba. Sheyna le envió una parte, ella pidió prestado otro poco a un par de amigas y se aplicó a conseguir el resto dando clases de inglés a diez centavos la hora a inmigrantes recién llegados a la ciudad; y cuando tuvo el dinero, puso en marcha el plan.

La última noche que pasó en su casa fue muy triste para ella; disimuló ante todos, se despidió de la pequeña Clara sin saber cuándo volvería a verla y finalmente dejó una escueta notita para sus padres, sabiendo que iban a sufrir mucho cuando la leyeran al día siguiente: *Me voy a Denver a vivir con Sheyna para poder seguir estudiando. No os preocupéis por mí, todo saldrá bien. Os escribiré desde allí. Os quiero.* Después esperó al alba, agarró su maleta y salió sigilosamente hacia la estación... Pero su plan, tan pulcra y detenidamente elaborado, tenía un fallo: los trenes tienen un horario.

Cuando los padres de Golda leyeron la nota a la mañana siguiente, la infeliz fugitiva seguía sentada en la estación, con los nervios destrozados, esperando que el maldito tren hiciera su aparición. Por fin pudo subir al vagón sin que nadie hubiera llegado aún a buscarla, y lo cierto es que la suerte, más que acompañarla, viajó agarrada de su brazo, porque a nadie se le ocurrió buscarla allí justo hasta después de que el tren hubiera salido. Por diez minutos no se torció el destino de *Goldele*, quien finalmente pudo llegar a Denver corroída por los remordimientos, pero feliz de saber que por fin era libre.

Nada más llegar a casa de su hermana escribió a sus padres, a su hermana Clara y a su amiga Regina, pues estaba ansiosa por saber cómo había reaccionado todo el mundo ante lo que había hecho, que con el paso de las horas se le iba antojando cada vez más espantoso. Su hermana la puso, por decirlo de una forma coloquial pero gráfica, «de vuelta y media», contándole el ataque de nervios acompañado por cataratas de lágrimas que su madre había sufrido. Su amiga y cómplice Regina recibió una paliza de notable intensidad cuando fue descubierta su participación, y durante horas, para acabar de arreglar el tinglado que se formó, alguien lanzó y sostuvo la hipótesis de que Golda no se había ido a casa de su hermana, sino que se había fugado con un italiano... Pero ya estaba en Denver y allí habría de pasar los dos próximos años. Su madre la perdonaría y le escribiría con cierta frecuencia, pero su padre no. En dos años sólo le escribió una vez.

La vida en Denver, para variar, tampoco fue fácil ni tenía visos de ello a corto plazo. Sheyna y Shamai trabajaban muy duro, y Golda tuvo que ponerse inmediatamente a hacer lo mismo. No sobraba nada en casa pese a las muchas horas que todos se dejaban en sus diferentes empleos; Shamai era portero a media jornada y trabajaba en su tintorería el resto del tiempo, reservando unas pocas horas para dormir. Decidieron que cuando Golda saliese de la escuela fuese a trabajar a la tintorería para que Shamai pudiese encontrar otro trabajo más; Golda haría los deberes allí, así como el trabajo que fuera surgiendo. Mientras, Sheyna dedicaba su tiempo y esfuerzos al activismo político de una forma cada vez más «profesional», y había convertido su casa en una especie de centro de convenciones de inmigrantes judíos llegados de Rusia, de tendencia socialista o sionista y enfermos de tuberculosis, originalísimo e irrepetible segmento social que reclutaba en el hospital donde ella misma había sido tratada de esa enfermedad. Aquel Hospital Antituberculoso Judío de Denver era el único lugar del mundo donde podían coincidir los mencionados inmigrantes, y daba la casualidad de que Sheyna lo tenía muy a mano. Así que su apartamento estaba siempre abarrotado de tísicos socialmente muy concienciados, todos ellos generalmente sin trabajo, en muchos casos sin familia, desheredados sin apenas perspectivas de futuro y todos ellos inmersos en un nutrido arco iris de posibilidades de discusión, siempre dentro de las más estrictas normas de la izquierda más radical. Anarquistas, socialistas y social-sionistas pasaban las horas en casa de Sheyna elaborando teorías, discutiendo sobre el papel de los judíos en aquel mundo de principios del siglo XX. Hablaban también de literatura, de religión, de temas sociales o sindicales, y Golda, la más joven en cualquiera de aquellas reuniones, nunca hablaba pero escuchaba. Se empapaba de las interpretaciones que aquellos invitados de su hermana hacían de Schopenhauer o Kant, de sus análisis sobre las teorías de Hegel o de su peculiar visión sobre el momento político en Rusia, en Europa o en América. Para Golda aquel era un mundo tan desconocido como, a veces, inextricable. Era muy difícil llegar a entender en profundidad lo que allí se decía, pero es que también era muy difícil entender lo que querían decir aquellos pensadores de gran conciencia social pero escasas dotes expresivas e insuficiente vocabulario. En aquella casa aprendió Golda una cosa, un concepto que penetró en su cerebro entre todas aquellas brumas conceptuales sobre teorías políticas y se asentó en él firme como una roca: aprendió a rechazar, a odiar las dictaduras, incluida la del proletariado. Aunque los socialistas justificaban las dictaduras de izquierdas, para Golda estuvo claro desde el primer momento que eran tan malas como las demás. Eso fue lo que sacó en claro de aquellas noches brumosas en un universo sin grandes esperanzas, pero no fue lo único; si allí aprendió a sentir aversión por las dictaduras, también empezó a sentir interés, un creciente interés, por las teorías social-sionistas. Empezó a pensar que era verdaderamente necesario crear ese país para los judíos, ese país utópico que muchos consideraban parte de una leyenda o una manera de hablar, y que no tenía por qué ser imposible. La creación del Estado de Israel estaba desde hacía mucho tiempo en las cabezas de muchos hombres y mujeres... pero hasta entonces no había llegado el momento de que aquella vieja utopía pudiese cristalizar. Y era aquella niña, *Goldele*, quien en un rincón del mundo empezaba a dar forma a la vieja idea, mientras de forma simultánea, en otros remotos rincones del globo, otros cerebros como el suyo estaban empezando a hacer lo mismo. Había llegado el momento en que hombres como Ben-Gurión, y mujeres como Golda Meyerson, cambiaran por fin el destino de Israel y consiguieran para su pueblo esa Tierra Prometida que nunca hasta entonces había estado a su alcance.

Allí supo Golda de la existencia de una serie de personajes de los que nunca había oído hablar y que desde el primer momento le resultaron fascinantes, hombres y mujeres que eran los auténticos pioneros en aquellos balbuceos en busca de la Tierra Prometida. Allí oyó hablar por primera vez de un tal Aaron David Gordon, que viajó a Palestina para montar uno de los primeros *kibbutzs* (ver términos en hebreo, pág. 187) junto al mar de Galilea; Gordon era uno de aquellos pioneros que creían firmemente en la construcción de Palestina para convertirla en hogar de los judíos, un colono que llegó allí con 52 años sin haber realizado jamás un trabajo físico y que dedicó el resto de su vida a cultivar y trabajar aquella tierra con sus propias manos. Era uno de aquellos pioneros que Golda empezó a admirar durante las noches en casa de su hermana, noches en las que conocería las historias de muchos hombres extraños que habían dejado cuanto tenían y, como llamados por una voz mágica se habían encaminado hacia Palestina para crear pequeños asentamientos que convertirían en pueblos y ciudades, el germen de su nueva tierra. Llegaban a Palestina desde todos los puntos del mundo, unos eran ricos, otros pobres, pero todos compartían una misma idea fija: eran radicales defensores de la liberación de los judíos, de acabar con los guetos y fundar un país propio. Golda, sin apenas darse cuenta, un buen día se había transformado en un miembro más de aquella nueva raza de judíos decididos a construir por sí mismos su Tierra Prometida. En aquel momento nadie pensaba en Israel, sino en Palestina... pero las cosas iban a empezar a cambiar a una velocidad cada vez mayor.

En aquellas reuniones en casa de su hermana, Golda conoció a Morris Meyerson. Era uno de los jóvenes más asiduos a aquellas asambleas, pero también uno de los más discretos y, a todas luces, uno de los más inteligentes. Era un inmigrante lituano que como casi todos los miembros de aquellas tertulias había llegado a América en la miseria y se esforzaba por salir de ella. Morris trabajaba como un esclavo, pero encontraba tiempo para mantenerse bien informado sobre cuanto ocurría a su alrededor. Además, era aceptablemente culto y entendía de música, poesía y pintura, cosa harto infrecuente en cualquiera que se ganase la vida como pintor de brocha gorda, que era lo que hacía en aquel momento. A Golda le interesó aquel muchacho y empezaron a salir juntos, asistiendo a conferencias, museos, conciertos o al teatro. Corría el verano de 1913 cuando de nuevo la vida de Golda estaba a punto de dar un giro.

Las circunstancias de Milwaukee estaban a punto de repetirse en Denver solo que esta vez, en lugar de sus padres, fue Sheyna quien se convirtió en un agobio para Golda. Quería que siguiese estudiando y no perdiese tanto tiempo con Morris, empezó a vigilarla y de nuevo la joven *Goldele* empezó a sentirse presionada y a disgusto. Había dejado a sus padres para entrar, al cabo de poco tiempo, en una situación prácticamente idéntica, y no estaba dispuesta a ello. Y tal como había hecho en su casa paterna, un buen día hizo la maleta y se marchó de la casa de su hermana, pero esta vez para vivir sola, sin más presiones familiares de ninguna clase. Vivió durante unos días en casa de unos amigos de su hermana mientras buscaba trabajo y alojamiento, con el *handicap* de que sus anfitriones estaban gravemente enfermos de tuberculosis, que milagrosamente no le contagiaron. Por suerte encontró pronto un empleo en una tienda de confecciones, y consiguió ganar lo suficiente como para poder alquilar una habitación.

Después de un año viviendo sola, recibió una carta de su padre en la que éste le decía de un modo seco y cortante que acudiera a ver a su madre, quien se encontraba bastante mal y cuya vida corría peligro. Golda comprendió que para que su padre le hubiese enviado aquella carta, la primera desde que se fugó de casa, las cosas tenían que estar mal. Así que decidió que, al menos temporalmente, regresaría a Milwaukee hasta que su madre mejorara. Habló con Morris, que comprendió las circunstancias, y ambos coincidieron en que era demasiado joven para casarse, por lo que decidieron esperar un par de años. Y Golda volvió a la casa de sus padres, con dieciséis años, mucha más experiencia y la firme intención de volver a marcharse en cuanto las circunstancias se lo permitiesen.

Lógicamente, el trato que recibió a su vuelta fue mucho más cuidadoso que el que sus padres le dispensaban cuando decidió marcharse; ahora que sabían que en cualquier momento Golda podría volver a decidir irse, la trataban con más respeto y consideración, sin aquellas eternas discusiones y sin intentar de imponerle nada. Vivían en un piso mejor, en una calle mejor y en un mejor ambiente, y desde el primer momento asumieron que su hija seguiría con sus estudios. Se matriculó en el Teacher's Training College y su vida siguió por senderos mucho más apacibles que los de antaño. Ya tenía dieciocho años y se llevaba mejor con sus padres, aunque de cuando en cuando su madre volvía a enfadarla cuando se inmiscuía en su vida sentimental, pues llegó a leer las cartas que Morris le enviaba, provocando la ira de Golda y que ésta no recibiese más cartas en su casa, sino en las de su amiga Regina. Pero aparte de aquellas pequeñas broncas todo iba bastante mejor que años atrás.

V. CAMINO DE PALESTINA

La I Guerra Mundial, aquel conflicto que tenía a medio planeta en ascuas, parecía quedar muy lejos de la vida de Golda y su familia; apenas les afectaba en otra cosa que en lo que se refería a los jóvenes del barrio que se alistaban en la Legión Judía para irse a luchar junto a los ingleses por la liberación de Palestina; por casa de los padres de Golda, como ocurría con la casa de su hermana en Denver, pasaban cada día numerosos invitados cargados de conciencia política, y de nuevo se vio metida de lleno en un ambiente semejante al que había vivido en Denver. Ahora no se trataba de extremistas de izquierdas, pero sí de sionistas convencidos que luchaban por crear un nuevo país. Muchos de aquellos visitantes de su casa estarían, años más tarde, entre los fundadores del Estado de Israel. Sus padres habían dado un gran cambio, se habían integrado por completo en la comunidad y su casa era un gran centro de reunión de judíos importantes que iban a comer o a cenar con frecuencia; invitados ilustres que Golda fue conociendo en rápida sucesión, personajes como Nachman Syrkin, Chaim Zhitlovsky, Shmarya Levin, Yitzhak Ben-Zvi —quien llegaría a ser el segundo presidente de Israel—, Jacob Zerubavel o David Ben-Gurión, auténtico padre y principal artífice del nuevo Israel. Todos ellos llegaban a Milwaukee reclutando jóvenes para la Legión Judía y todos acababan pasando por la casa de los Mabóvitch, que se había ido transformando en una especie de *Ateneo* o foro central de debates de cuantos judíos relacionados con la política pasaban por la ciudad.

Golda iba radicalizando sus posturas a una velocidad sorprendente, incluso para ella misma; mientras la Guerra Mundial avanzaba, los judíos esparcidos por todo el mundo eran objeto, como de costumbre, del peor trato posible allí donde se encontraran, y una vez más su estigma había surgido al rojo vivo en muchas partes, lo que hacía que los sionistas más radicales fueran endureciendo sus posturas. Cada día estaban mejor organizados y eran más fuertes, y entre ellos había cada vez un número mayor de industriales ricos, adinerados comerciantes, banqueros, empresarios de todos los ramos y profesionales brillantes. Los judíos en general eran cada vez más influyentes y poderosos, y los sionistas en particular se estaban convirtiendo en los iracundos portavoces de todos ellos en los más importantes foros mundiales. El sionismo empezaba a introducirse en las más altas esferas de los países más influyentes aún cuando los judíos como tales, como individuos aislados, seguían aparentando ser un humilde pueblo maltratado...

Cuando la Gran Guerra tocaba a su fin Golda era una reputada laborista-sionista en constante actividad; organizaba actos culturales —todos completamente politizados, por supuesto—, conferencias, reuniones y mítines. En 1918 los judíos de Norteamérica celebraron sus primeras elecciones, y en todas las comunidades judías se elegían representantes para el Congreso Judío Americano; era la primera vez que los judíos votaban en América y tenían sus propios representantes, y los dos grandes bloques que se habían formado en los últimos años se definieron por completo. Los sionistas, que frenéticamente predicaban a los cuatro vientos la necesidad de volver a Palestina y fundar el nuevo Estado, se enfrentaban de forma total con los judíos de la otra tendencia, el *Bund,* movimiento que se oponía radicalmente a la fiebre propalestina, que consideraba un error. Golda era ya definitiva y radicalmente sionista.

Morris había llegado a Milwaukee para reunirse con Golda, y retomaron su vieja relación, sin encontrar el menor atisbo de entusiasmo en los padres de la muchacha, y también con ciertas dudas de ésta sobre las muchas cosas que habían pasado y lo que ambos habían cambiado. El joven inmigrante lituano no era tan radical con el sionismo como todos los que se relacionaban con Golda, incluida ella misma; no pensaba que fundar un Estado fuera la solución para su raza, y tal idea le cerraba puertas y le privaba de relaciones cada vez que la exponía, aunque fuera de pasada, en los círculos de su novia. Ésta, por su parte, cada día era más entusiasta del activismo, y llegaba a montar mítines callejeros con gran éxito, pronunciando conferencias inesperadas en los lugares más insólitos. Era ya muy conocida entre la comunidad judía, y se estaba ganando el respeto de los más duros representantes del sionismo. Cuando al terminar la guerra se produjeron en Ucrania y Polonia una serie de matanzas en las que desapareciron comunidades judías enteras, matanzas organizadas por los antisemitas de estos países, perfectos imitadores de los cosacos y sus *pogroms,* Golda organizó una impresionante marcha de protesta en Milwaukee, a la que acudió un número asombrosamente alto de miembros de su raza, muchos más de los que ella misma creía que existían en aquel Estado. Milwaukee era un buen lugar para los inmigrantes judíos, no había antisemitismo y sí una evidente simpatía tanto hacia los sionistas como hacia los bundistas. Ni el sionismo ni el bundismo estaban mal vistos y eran contemplados, simplemente, como dos posibilidades distintas de enfocar el futuro de aquel pueblo eternamente expatriado.

Golda decidió que había llegado el momento de irse a Palestina. Se afilió al partido laborista-sionista y dedicó desde ese momento todo su tiempo a la causa, dejando de lado cualquier otra actividad y volcándose en su nueva meta. Morris, que pasaba por Milwaukee con frecuencia pero que trabajaba a menudo fuera del Estado, veía aquel proyecto como algo peligroso y nada convincente. Trataba de convencer a Golda de que recapacitara, midiera los riesgos, valorara las posibilidades y se diera un poco de tiempo para tomar una decisión tan importante. Quería mucho a la muchacha, pero aquello era demasiado drástico como para hacerlo sin pensar. La relación podría acabar muy mal por esa causa, y Morris propuso que se separaran durante un tiempo para valorar los sentimientos reales de cada uno y si emprender aquello juntos o bien renunciar a ello podía provocar la ruptura. Se separaron, y Golda se fue a vivir a Chicago, a donde también se habían trasladado Sheyna y su familia.

En Chicago, Golda no hizo otra cosa que preparar su marcha perfilando su plan y estudiando bien todo el asunto, tal como Morris le había pedido. Se puso a trabajar como bibliotecaria y entabló amistad con un nutrido grupo de compatriotas interesantes; su amiga Regina también estaba allí, y la relación con su hermana era mucho mejor que la que tuvieron en Denver, pero Golda estaba cada día más desasosegada, se desesperaba viendo que no avanzaba nada en su propósito y que podía seguir así eternamente. Pero por fin Morris se decidió, se fue a Chicago y le dijo a su entusiasmada novia que sí, que aceptaba irse con ella a Palestina.

Cuando la Guerra Mundial tocaba a su fin, los británicos iniciaron la conquista de Palestina arrebatándosela a los turcos, y nació la *Declaración Balfour,* por la que Inglaterra se comprometía a colaborar abiertamente al establecimiento de un «Hogar Nacional para el pueblo judío» en Palestina. Aquella declaración y la expulsión de los turcos fueron el detonante definitivo que los sionistas necesitaban para lanzarse en tromba al cumplimiento de sus proyectos, y millones de judíos, en todos los rincones de la tierra, decidieron arriesgarse y comenzar un gigantesco éxodo hacia la tierra prometida.

Golda y Morris vuelven a Milwaukee para casarse y para despedirse de sus padres, y ambas cosas se hicieron como estaba previsto. Antes de la boda, gran pelea familiar con rendición final paterna —inevitable, por otra parte—, y después boda en la propia casa de los Mabóvitch con la asistencia de la flor y nata de la sociedad judía «culta» de la ciudad. Sólo quedaba esperar unos meses a que la guerra acabase definitivamente para poder emprender el largo y difícil viaje hacia un futuro hogar en un futuro país que, sin duda, iba a ser su definitivo destino. Aquellos meses, que se iban a convertir en dos años, los invirtió en trabajar para el partido en diversas operaciones por las que cobraba un sueldo que iba ahorrando como podía; viajó mucho, vendiendo acciones por todo el país para un nuevo periódico sionista. Mientras ella viajaba Morris se quedaba en Milwaukee trabajando, y pasaban temporadas en que se veían muy poco. Pero aquella era la única forma de preparar el camino para poder marcharse algún día.

En el invierno de 1918 se celebró en Filadelfia la primera gran convención nacional del Congreso Judío Americano, que iba a elaborar un programa para la defensa de los derechos de los judíos en Europa, y Golda fue la primera sorprendida cuando supo que la habían elegido para formar parte de la delegación de Milwaukee. Disfrutó enormemente de aquella gran reunión, y su afición por la actividad política pública se consolidó de forma definitiva.

Golda y Morris se fueron a vivir temporalmente a Nueva York, esperando que aquella fuera la última etapa de preparación de su viaje, y por fin, en la primavera de 1921, todo estuvo listo. Vendieron cuanto tenían y sacaron sus ansiados billetes para el barco, un vapor llamado *Pocahontas*, mientras su entusiasmo por la aventura que emprendían, y que se había aletargado un tanto con la larga espera, se despertaba con una fuerza imparable. Ya sólo quedaba despedirse, esta vez definitivamente, de la familia y los amigos que se quedaban, así que se fueron a Chicago para ver a Shenya y su familia, y de ahí a Milwaukee para ver a sus padres. Para su sorpresa, su hermana mayor le dijo que ella también quería irse a Palestina, cosa que jamás había mencionado antes y que dejó asombrados a Morris y a Golda; les pidió que esperaran para poder irse juntos, porque era muy mal momento para llevarse a los niños por cuestión de dinero. Pero finalmente decidió que Shamai se quedase en América para que pudiese enviarles dinero durante un tiempo y luego fuera a reunirse con ellos, y Sheyna resolvió llevarse a los niños y esperarle allí. Lo cierto es que la situación en Palestina era difícil, había disturbios y más de cuarenta inmigrantes recién llegados habían sido asesinados por bandas de criminales árabes. Mujeres y niños violados y mutilados eran una razón más que poderosa para que el matrimonio decidiese esperar a que las aguas se calmasen, pero no hubo forma. De momento, Golda y su marido fueron a Milwaukee para despedirse de sus padres y de Clara; una despedida triste, pues Moshe y Blume pensaban que ya no volverían a ver a sus hijas; ya sabían que también Sheyna había decidido partir y que Clara sólo estaba esperando a acabar sus estudios en la universidad para emigrar también. El matrimonio iba a quedarse solo, pero ya no tenían fuerza ni ganas de emprender una aventura como aquella. A la vuelta, Golda y Morris recogieron a Sheyna y los niños y se fueron juntos a Nueva York.

VI. ADIÓS, AMÉRICA

El 23 de mayo de 1921 fue el día en que acabó la etapa americana de la joven Golda. Tres lustros antes había llegado a ese país una niña vivaracha y sonrosada a quien todos llamaban *Goldele*, y ahora salía de aquel mismo país una mujer alta, delgada, considerada bastante guapa y atractiva por cuantos la conocían, y que además era una mujer respetable y respetada, con un bien ganado prestigio en su círculo político y un buen bagaje cultural y sociopolítico adquirido por méritos propios. La Golda Meyerson que iba a llegar a Palestina para vivir toda clase de dificultades, la mujer que como todos esos judíos procedentes de todo el mundo había abandonado una vida más o menos cómoda para lanzarse a una diáspora llena de riesgos, llegaba con algo más que esperanza: llegaba con una buena carga de prestigio, que a su vez le facilitaba disponer de una más que necesaria dosis de seguridad en sí misma, algo que sin duda iba a ser un artículo de primera necesidad para cuantos llegasen a esa Tierra Prometida que habría que ganarse a costa de mucha sangre.

El tan esperado viaje no empezaba, al menos, cargado de malos augurios, pero desde luego sí de un asombrosamente abundante surtido de dificultades, molestias, incomodidades y situaciones delirantes. El *Pocahontas* sólo tenía de principesco el nombre, porque desde luego no hacía honor a la legendaria princesa india. Era una cochambrosa bañera destartalada y escasamente fiable, más seguro para viajar por una carretera que por el mar, ya que en la carretera, al menos, no corría el enorme riesgo de hundirse que sí era omnipresente, en cambio, sobre las aguas del océano, por tranquilas que se mostrasen. Para empezar, y como anécdota simpática para infundir seguridad en el pasaje, la tripulación se puso en huelga antes incluso de haber abandonado el puerto de Nueva York, pues aquella carraca era tan deleznable que hasta los más curtidos miembros de la marinería estaban seguros de no volver a pisar tierra si zarpaban a bordo de aquello. El plante sirvió al menos para que el armador accediese a hacer unas rápidas reparaciones imprescindibles, pero si se analiza que tan sólo se empleó un día en realizarlas, se obtiene rápidamente una valoración exacta sobre la calidad de las mismas. Pero pese a ello, al día siguiente el ruinoso paquebote se hizo a la mar en medio de las nada optimistas expectativas de un pasaje que pensaba que las cosas no podían ser peores, pero que se equivocaba de plano. Porque ese mismo día en que el *Pocahontas* se lanzó a surcar el océano, su tripulación, tan infame como el propio barco, se amotinó para mostrar su ira contra la compañía armadora; y como el armador no estaba, quienes pagaron el pato fueron, naturalmente, los pasajeros, que tuvieron que soportar todo tipo de humillaciones y suplicios por parte de aquella caterva de zarrapastrosos, que formaban, más que una tripulación, una piara, tanto por su olor como por su comportamiento. Ponían agua salada en el agua potable de los viajeros, causaban desperfectos en los motores para obstaculizar la marcha, estropeaban la comida y la salaban en exceso para provocar una permanente sed entre el pasaje... Fue una angustiosa semana la que aquel desperdicio náutico tripulado por la hez del noble gremio de marinos necesitó para llegar desde Nueva York hasta Boston, trayecto que se hubiera cubierto más rápidamente a remo que viajando en aquel basurero tripulado por maleantes.

A aquella semana de congoja y agonía le siguieron nueve días de parecida calidad, pues nueve días fueron los que tuvo que permanecer en el puerto aquel pecio flotante. En esos días fueron numerosas las visitas que los aventureros emigrantes recibieron a bordo; grupos de judíos de todas las tendencias, tanto sionistas como bundistas, laboristas como conservadores se acercaban al puerto a despedir a sus valerosos compañeros de raza y desgracias. Eso les dio a los viajeros una dosis de ánimo extra, que realmente iban a necesitar. Y ello porque aquel viaje fue tan terrible en su segunda etapa como lo había sido en la primera. Fue otro periplo desagradable, los marineros siguieron molestando a los viajeros y para todos aquello era un infierno al que no se le veía fin. Tuvieron que parar en las Azores por el pésimo estado del barco, y al menos esa semana que pasaron allí les sirvió para liberarse unos días de la pesadilla. Pero hubo que volver a subir al barco, y la pesadilla volvió. Algunos pasajeros enfermaron y un rabino murió a causa de las infernales condiciones en que viajaban. El capitán se suicidó poco antes de llegar a Nápoles, aunque posiblemente no fue un suicidio, sino un asesinato, y al llegar a Italia nadie quiso saber nada de volver a subir a otro barco. Continuaron su viaje hacia Brindisi por ferrocarril, y por fin aquella pesadilla terminó cuando, a bordo de otro barco porque no había más remedio, cubrieron la última etapa camino de Alejandría. Desde allí, de nuevo en un tren polvoriento e incómodo alcanzaron el Sinaí, y al final, Tel-Aviv.

VII. TEL-AVIV, MÁGICA Y DURA

Cuando llegaron a Tel-Aviv, la ciudad estaba prácticamente naciendo. Ya tenía más de 15.000 habitantes, pero en realidad no era más que un polvoriento pueblo cuyas infraestructuras apenas existían. Hacía tan sólo una docena de años que unas cuantas familias de arriesgados y valerosos emigrantes judíos la habían fundado contra viento y marea, ante la ira de unos palestinos que veían cómo surgía de la nada aquella ciudad que crecía a cada hora que pasaba, y que iba llenándose de forasteros a un ritmo endemoniado. Durante la Gran Guerra todos los nuevos colonos habían sido expulsados de allí por los turcos, pero cuando los ingleses decidieron ayudar a los judíos, comenzando por sacar de Palestina sin contemplaciones a los invasores turcos, el retorno a la naciente urbe hebrea fue tan masivo como rápido. Aún nadie imaginaba siquiera que Tel-Aviv acabaría siendo la capital del nuevo Estado judío, porque de momento lo único a lo que aspiraba era a brindar un poco de seguridad a los judíos que llegaban de todo el mundo para enfrentarse a una situación tan peligrosa como hostil. Juntos en aquella urbe estaban más seguros que desperdigados por la inhóspita Palestina, y todos estaban cada vez más de acuerdo en que la colonización debería hacerse evitando en lo posible los riesgos. Los *kibbutzim* deberían ser organizados y protegidos, y la cosa no iba a ser fácil porque cuando una familia quedaba más o menos aislada corría un enorme riesgo de acabar muriendo a manos de una de las muchas bandas de ladrones y asesinos árabes que proliferaban por la zona con la misma rapidez con que lo hacían los judíos. Porque, aunque la situación estaba cada día más difícil y comprometida, la gran oleada de inmigrantes no hacía más que crecer, y con ella la ciudad, que mejoraba a ojos vista y se transformaba poco a poco en el mejor bastión para los judíos decididos a vivir allí. Los que decidían irse a los *kibbutzim* eran los más valientes, pero casi tan numerosos como los que decidían quedarse en Tel-Aviv o en Jerusalén. Los *kibbutzim* eran asentamientos agrícolas, granjas comunales que funcionaban en régimen de cooperativa bajo unas estrictas normas comunitarias; no existían allí ni la propiedad privada ni el trabajo por un salario, y cada uno de aquellos grupos sociales tenía que ser completamente autosuficiente, pues la comunidad vivía aislada y ella misma tenía que proveerse hasta de lo más básico. Eran una especie de ancestro de las futuras comunidades *hippies*, salvo que con una filosofía bien diferente. Aunque los árabes de Palestina se lamentaban constantemente diciendo que los judíos les habían robado sus tierras, la realidad era muy distinta. Desde 1901, los inmigrantes judíos que llegaban a Palestina empezaron a comprar aquellas tierras, las mismas que iban a servir más tarde parta instalar sus asentamientos. Los árabes se las vendieron, y luego empezaron su palinodia de llanto y victimismo para tratar de recuperarlas, sin mencionar, por supuesto, el dinero que habían sacado de aquel «expolio». Pero los judíos, lógicamente, no iban a dejarse estafar por aquellos mercachifles palestinos, y lo que habían comprado y era legalmente suyo ya no habría nadie capaz de arrebatárselo.

De hecho, Israel fue naciendo como por casualidad, como el que no quiere la cosa, y ello gracias al extraordinario empuje que experimentaban tanto Tel-Aviv como los cada día más numerosos asentamientos de los *kibbutzim*. Judíos de todo el mundo y de todas las clases sociales llegaban formando parte de una imparable marea; humildes obreros de Rusia y Polonia, artesanos procedentes de los países nórdicos, comerciantes burgueses bien situados, procedentes de Centroeuropa y en general de todo el viejo continente se asentaban en la nueva y boyante ciudad, compartiendo las escasas comodidades de que aún disponían con banqueros multimillonarios llegados de América o con algunos de los hombres más ilustres de la Literatura, la Medicina y la Ciencia o el Arte de primer nivel en todo el mundo. Israel se iba formando porque sus hijos estaban firmemente decididos a poner fin a su eterna diáspora, y era evidente que aquellas circunstancias, aquel momento, era probablemente el más favorable que se les había presentado a lo largo de toda su historia para conseguir por fin tener una patria tangible.

Por un lado, pues, se respiraba optimismo en aquella Tel-Aviv a la que llegaron Golda y su familia, pero existía también la cara terrible de aquel momento histórico. El trabajo que tenían por delante era titánico, mucho más duro de lo que ninguno de aquellos optimistas viajeros habían supuesto en sus momentos de mayor pesimismo. Las condiciones para la vida diaria eran pésimas, la higiene muy escasa y apenas había alimentos que pudieran considerarse mínimamente decentes. Tras el durísimo viaje que habían soportado para llegar hasta allí lo que menos esperaban era algo como aquello. Pasaron unas cuantas semanas sumidos en una depresión general, pero sabían que tendrían que superar aquello de una forma u otra, y más valía empezar cuanto antes, dejando las lamentaciones para aquel viejo e histórico muro cuya razón de ser se antojaba ahora evidente.

Golda y su familia habían llegado con la intención de irse cuanto antes a vivir a un *kibbutz*, pero lo explosivo de la situación hizo que decidieran esperar algún tiempo en Tel-Aviv a la expectativa de unas circunstancias algo menos adversas. Vivieron en un hotel bastante humilde, pero no tanto como para evitar que el dinero, cada vez más escaso, empezara a convertirse en una seria preocupación al volar más velozmente cada día que iba transcurriendo. Aún no se atrevían a lanzarse a campo abierto camino del *kibbutz*, pero tampoco podían seguir viviendo en el hotel, así que alquilaron un pequeño piso en uno de los barrios más antiguos de la ciudad —si es que una ciudad de doce años puede tener un barrio antiguo—, Neveh Zedek. Más que un piso, era casi una chabola, sin luz eléctrica ni cuarto de baño, algo así como una vieja casa de las que utilizaban los pioneros de cualquier parte del mundo cuando colonizaban tierras vírgenes. Pero ya se habían hecho a la idea de que así estaban las cosas, y adaptarse a vivir en aquel chamizo no resultó ser tan duro como suponían. En pocas semanas se habían endurecido ya de una forma asombrosa, como en realidad les sucedía a cuantos nuevos viajeros engrosaban cada día la comunidad. Y nadie se quejaba, porque todos asumían rápidamente que aquello no iba a ser fácil y que sus penalidades no iban a disminuir por mucho que malgastaran el tiempo en lamentarse.

Pasaron allí todo el verano, pues haberse ido al *kibbutz* en aquella época abrasadora hubiera podido ser terrible, pero en septiembre Golda y Morris se apresuraron a solicitar plaza en un *kibbutz* del valle de Jezreel, el de Merhavia, donde ya estaba trabajando un amigo de Morris que podría facilitarles los trámites para su ingreso allí. Todos los *kibbutzim* eran muy parecidos, apenas había diferencias entre unos y otros salvo las que marcaba la ubicación geográfica de cada uno y el potencial peligro de la presencia en las cercanías de palestinos en mayor o menor número, por lo que a Golda y su marido en realidad les daba lo mismo irse a uno que a otro, pero eligieron éste por la razón ya mencionada de que conocían a uno de sus miembros. Sheyna se quedó con los niños en Tel-Aviv esperando la llegada de Shamai.

VIII. EL *KIBBUTZ*, UN SUEÑO CON TOQUES DE PESADILLA

Fueron a Merhavia a título de prueba, como era habitual en todos los casos de nuevos colonos, pues los que ya estaban allí no admitían a cualquiera sin someterlo antes a prueba a fin de comprobar que sería capaz de trabajar bien y de acatar las estrictas e intocables normas que regían sus vidas. El del *kibbutz* era un trabajo muy duro porque muy dura era aquella tierra semidesértica y difícil de trabajar, pero los judíos conseguían espectaculares resultados en todos sus asentamientos. Los palestinos se negaban a trabajar aquellas tierras de las que los judíos sacaban tan buenos réditos, y desde esos mismos primeros años del siglo XX esa sería la tónica del eterno conflicto árabe-israelí: los árabes se quedaban atrás mientras los israelíes prosperaban, hasta que finalmente la única meta de los hijos del Islam fue no ya recuperar *sus* tierras para trabajarlas en paz, sino simplemente expulsar de allí a los judíos, sin entrar en más disquisiciones ni, por supuesto, devolverles las auténticas fortunas que les habían estafado vendiéndoles primero lo que querían arrebatarles luego. El antisemitismo que entonces surgió a escala mundial tuvo desde entonces en ese engaño de los «pobres árabes despojados» uno de sus más firmes argumentos —falsos— para mantenerse boyante.

El *kibbutz* de Merhavia, cuya historia era realmente violenta desde que fue fundado en 1911, era en aquel momento un lugar escasamente cómodo para vivir, pero no peor que otras muchas granjas de su estilo. Allí vivían treinta hombres y siete mujeres, no querían matrimonios y menos aún niños, por lo que Sheyna no podría vivir allí. No obstante, los aceptaron a prueba gracias a la influencia de su amigo. Pocas semanas más tarde obtenían el aprobado definitivo por el que se convertían en residentes fijos del *kibbutz*, mientras en Tel-Aviv Sheyna dejaba el apartamento y encontraba un nuevo trabajo. Una etapa diferente se iniciaba para el pequeño grupo llegado de Norteamérica unos meses antes. Aquel año de 1921 Shamai estaba a punto de llegar a Israel, Golda y Morris se adaptaban bien a la vida en el *kibbutz* y las costumbres de todos ellos iban variando de forma radical, abandonaban los viejos y cómodos tics adquiridos en Estados Unidos y se endurecían en todos y cada uno de los aspectos de sus vidas. El miedo de los primeros meses había desaparecido, y las duras incomodidades que vinieron a ocupar el sitio de su tranquilo *American way of life* habían sido ya asumidas por completo y formaban parte de su nueva vida hasta el punto de que ya ninguno de ellos las tomaba en consideración. Aquel *kibbutz* casi recién nacido de Merhavia pasó a ser el hogar y la forma de vida de Golda y Morris, que no sólo se adaptaron a él, sino que también empezaron a su vez a adecuarlo, junto con todas sus reglas y costumbres, a su propia manera de vivir, que cada día procuraban fuera un poco mejor. Pero ello no era suficiente para que Morris se sintiera cada día más hastiado de los *kibbutzim*, y añoraba aquellas casas americanas con agua caliente, baño y todas esas pequeñas cosas que se vuelven imprescindibles cuando uno se ha acostumbrado a ellas. Mientras Golda se sentía cada vez más a gusto allí, su marido estaba cada vez más harto, tanto de las incomodidades cotidianas como de la ideología radical de los *kibbutzniks* —los miembros del *kibbutz*— aquellos judíos aferrados a unos conceptos políticos tan firmes e inamovibles que ni siquiera consideraban ya necesario ningún tipo de análisis o discusión sobre los mismos. Eso era exactamente lo que Morris, quizá el más inteligente de los miembros de aquella comunidad, o cuanto menos el más preparado, no soportaba: que se le impusiera nada por la fuerza o simplemente presentándoselo como única alternativa.

Golda fue pronto miembro del equipo directivo del *kibbutz*, en cuya organización y gestión fue adquiriendo rápidamente influencia y acumulando responsabilidades. Empezó a representar a su *kibbutz* en distintas reuniones y convenciones en todo el país, y cada día estaba más integrada en el núcleo que pronto iba a formar el equipo de líderes que comandarían la fundación del nuevo país. Palestina ardía, los disturbios que los árabes organizaban eran cada vez más violentos y la situación se hacía explosiva, tanto en los *kibbutzim* más aislados como en las principales ciudades, que tampoco se veían libres de inesperados ataques terroristas.

Pasaba el tiempo y Golda dedicaba el suyo casi íntegramente a una actividad política frenética; viajaba constantemente por todo el país organizando actuaciones, acompañando a ilustres visitantes o simplemente cumpliendo órdenes concretas de sus líderes para que llevase a cabo alguna misión que sólo se encomendaba a las personas de mayor confianza. Golda estaba ya magníficamente considerada en su partido y era además muy respetada por la práctica totalidad de sus compatriotas, incluso por los de ideologías radicalmente opuestas al socialismo sionista. Y mientras ella viajaba y ascendía en su carrera política, su esposo permanecía en aquel *kibbutz* que cada día odiaba con más fuerza; estaba solo allí la mayor parte del tiempo, y además había contraído la malaria, que le estaba procurando una vida aún más infernal. Empeoraba con el paso de las semanas, y finalmente el médico hubo de advertirles que, si no abandonaban Merhavia inmediatamente, la vida de Morris correría un serio peligro. Así que, tras dos años y medio en aquel *kibbutz*, la pareja tuvo que cambiar de aires para alegría de Morris, que había llegado a perder incluso la noción clara del porqué estaba allí haciendo aquello. A veces deseaba abandonarlo todo y marcharse, pero sabía que Golda no le seguiría y él no quería dejarla en ningún caso.

Una vez que abandonaron Merhavia y se instalaron temporalmente en Tel-Aviv, Morris accedió por fin a algo que Golda le llevaba pidiendo mucho tiempo: un hijo. Él se había negado en redondo porque jamás toleraría que su hijo fuera educado bajo las normas implantadas en aquel *kibbutz*, las de una educación colectiva que a Morris le parecía aberrante y completamente equivocada. Después de unas semanas en la ciudad, que Morris pasó recuperándose a marchas forzadas y sometido a unos cuidados realmente intensivos, se reencontraron con Sheyna y los niños, y también con Shamai, que por fin había conseguido llegar, pero empezó para todos una mala época. Ahora era Golda la que se sentía mal en Tel-Aviv, y Morris no conseguía superar la enfermedad que estaba acabando con sus fuerzas. Y como a veces ocurre, la suerte vino a salvarlos: una Golda desesperada se encuentra en la calle por casualidad con un amigo y correligionario llamado David Remez, que resulta ser su ángel salvador. Les ofrece trabajo a los dos en Jerusalén, y aceptan al instante entusiasmados de poder dejar por fin la agobiante Tel-Aviv.

El día antes de partir hacia su nueva vida en la Ciudad Santa, Golda visita al médico y recibe la mayor alegría que podía esperar: se entera de que está embarazada, lo que la llena de esperanza en cuanto a poder salvar su matrimonio, muy deteriorado desde hacía tiempo. Y se van a Jerusalén contentos y esperanzados. Allí, el 23 de noviembre de 1923, nace su primer hijo, Menahen. La vida parece volver a sonreírles, pues Golda está radiante y Morris se recupera por fin. No obstante, ella sigue añorando su vida en el *kibbutz* y decide pasar unos meses allí con el bebé, que ya tiene seis meses. Pero sabe que es una despedida, que su esposo jamás volverá a aceptar aquella vida en el *kibbutz,* y Golda elige su camino definitivo: renuncia para siempre a la vida del *kibbutz,* vuelve a Jerusalén decidida a dedicar el resto de su vida a su marido y sus hijos en un ambiente que les sea favorable aunque a ella no le entusiasme ese tipo de vida.

IX. JERUSALÉN, Y MÁS AÑOS TRISTES

Pero aunque al principio las cosas parecían encaminarse hacia un futuro más esperanzador, aún les quedaba por delante más tristeza antes de conseguir vivir tranquilos en su nuevo país. Tras el regreso de Golda de su querido *kibbutz* comenzaron una nueva etapa en Jerusalén, cuatro años que esta vez serían agobiantes y angustiosos no para Morris, sino para su mujer. Fue, de hecho, la peor parte de la vida de Golda, los años que más sufrimiento e infelicidad arrojaron sobre ella. Aunque vivían con tranquilidad, ganando el dinero suficiente para mantenerse, y aunque el dinero no había sido nunca algo que les preocupara, ahora tenían un hijo y unas responsabilidades nuevas; corrían tiempos muy difíciles, y en la primavera de 1926 había nacido su segunda hija, Sarah, que venía a empeorar la grave situación económica que estaban pasando. Su único miedo era que las cosas se pusieran tan mal que a los niños pudiera a faltarles lo más imprescindible. Por suerte no se llegó a tanto, pero tuvieron que dejar su apartamento por falta de liquidez para pagar la renta, ya que el casero no aceptaba aquella forma de pago en bonos que se estaba imponiendo. A Golda y a Morris les pagaban en bonos, y en muchos lugares, cada vez más, los rechazaban y las estrecheces económicas eran cada vez más preocupantes. El organismo en el que ambos trabajaban, la *Soleil Boneh*, una oficina de obras públicas no oficial en la que ellos colocaban a trabajadores judíos, iba también en picado y había riesgo de cierre, lo que sería terrible para el matrimonio pues aquel era su único medio de vida. Era la primera vez en muchos años, o quizá la primera vez en toda su vida que Golda se sentía desalentada, que notaba cómo esa fuerza vital que siempre la acompañaba empezaba a perder potencia. Nunca las dificultades la habían arredrado, como tampoco habían podido doblegar a Morris, y tenía que ser precisamente ahora, cuando creían haber recorrido ya la parte más difícil del camino, ahora que habían conseguido llegar a su soñada meta, cuando el cansancio por la acumulación de tensiones, problemas y dificultades hiciese su aparición para destruir las viejas ilusiones. La razón era sencilla: la responsabilidad que ambos sentían por los niños era enorme, tanto que llegaba a nublar sus mentes impidiéndoles pensar con claridad y buscar soluciones alternativas a aquella pésima racha... Fue la propia Golda cincuenta años después, quien contó al mundo cómo ella y su marido consiguieron superar el bache y recuperar la ilusión perdida. Una vez más habían sido la simbología, la tradición, la religión, los elementos que participaron en su vuelta al optimismo y a la esperanza. Ocurrió una tarde en que ella y Morris fueron a pasear junto al Muro Occidental, que ya habían visitado pocos días después de su llegada a Palestina y que no habían vuelto a ver desde entonces. Ese muro que el mundo conoce como «de las Lamentaciones» es, para los judíos, uno de los símbolos más puros de su religión; para los más ortodoxos es la expresión máxima de esperanza en un futuro que ha de vivirse dentro del más absoluto respeto al pasado. Y si bien ni Morris ni Golda habían sido jamás ni ortodoxos ni excesivamente religiosos, aunque sí buenos practicantes de su religión, esa segunda visita al Muro Occidental de Jerusalén provocó en ellos una extraña y fulminante convulsión espiritual, producto sin duda de una madurez adquirida en los últimos años y que aún no habían alcanzado cuando eran sólo unos recién llegados a Palestina.

Fue la visión de aquel antiguo muro de piedra ante el que se reunían hombres y mujeres, ante el que lloraban y rezaban poniendo toda su fe y su esperanza en aquellos papelitos, los *kvitlach*, que contenían sus peticiones a Dios escritas en su antiguo idioma, aquellos papelitos que se introducían en las grietas del muro y que seguían siendo parte de una tradición ancestral se convirtieron de pronto ante los ojos de la pareja en el símbolo de cuanto habían luchado hasta ese momento y de por qué lo habían hecho. Una pared semiderruida era cuanto quedaba del antiguo templo de Salomón, pero ante esa pared, rezando y llorando, estaba también un pueblo que se negaba a desaparecer, a seguir siendo un paria entre los pueblos de la tierra y que seguía confiando en el futuro, en su propio futuro, y seguía luchando para hacer que ese futuro no fuera una simple decisión del destino sino producto de su propio esfuerzo. En ese momento Golda y Morris volvieron a sentir las viejas emociones que los habían llevado allí y de nuevo renació en ellos la esperanza, las ganas de luchar por el futuro y, sobre todo, esa sensación de fuerza interior que obliga a vivir y a combatir. Cuando abandonaron el Muro, Golda y Morris eran otros.

X. LOS PROBLEMAS DE UNA EMIGRACIÓN DESBOCADA

Esa resurrección moral que experimentaron de la forma más inesperada vino en su ayuda justo cuando más necesaria iba a resultar. Los problemas que se acumulaban sobre la pareja no eran en forma alguna algo exclusivo ni poco habitual; eran unas complicaciones cada día más importantes que empezaban a agobiar a la mayor parte de los cada vez más numerosos emigrantes que llegaban a Palestina convocados por un sionismo al que la situación se le estaba yendo de las manos. La razón de ello era bien simple: eran muchos más los judíos que llegaban a Palestina en aquella entusiasta migración colonizadora que los que la propia Palestina era capaz de absorber. Lo que al principio era un país lleno de posibilidades para quien estuviese dispuesto a dejarse la piel trabajando duro, cambió de pronto. Porque ocurrió algo que nadie esperaba, algo que al parecer nadie había contemplado ni siquiera como una posibilidad remota: se acabó el trabajo. O al menos el trabajo para todos, ya que el que quedaba por hacer no todos estaban capacitados para hacerlo. Y a fines de la década de los 20, el paraíso que todos querían ver en Palestina empezaba a adquirir unas tonalidades mucho menos coloristas que las que ofrecía poco antes. En 1926 llegaron a Palestina 13.000 judíos, y al año siguiente más de la mitad de ellos habían vuelto a marcharse, porque no sólo no había trabajo sino que además las condiciones de vida que se les ofrecían eran mucho peores que las que tenían en sus lugares de procedencia. Y justamente ese año, en el peor momento, llegaron a Jerusalén los padres de Golda, que finalmente habían decidido embarcarse también en la gran aventura para poder volver a ver a sus hijas y nietos. Ahorraron cuanto pudieron, vendieron todo lo que tenían en Milwaukee y se fueron a Palestina. En mal momento.

Lo cierto es que la economía de la emigración judía, esa nueva economía recién nacida creada sobre la marcha para aquella sociedad que también iba desarrollándose de forma improvisada, era un caos cada día más incontrolable. Resultaba evidente que a los sionistas, principales impulsores de la nueva sociedad judía en Palestina que había de desembocar en el nacimiento de un nuevo país, se les había ido la mano en su febril convocatoria a todos los judíos del mundo para que acudieran a Palestina; quizá ni ellos mismos pensaban que la respuesta iba a ser tan entusiasta y numerosa, y la realidad de lo que estaba ocurriendo abrió de pronto los ojos de todos: había que reorganizarse o a aquel caos le seguiría el más estruendoso fracaso. Todo el proyecto del nuevo Estado de Israel empezaba a pender de un hilo.

Los defectos de la organización de aquella nueva economía eran los mismos que se registran en cualquier parte donde no existen unas bases sólidas y una unidad de acción; había poco capital judío porque el riesgo de cualquier inversión era alto, y por tanto también eran muy escasas las empresas judías que debían ir formando el tejido básico de la economía del país. Sólo la construcción y la agricultura, especialmente las granjas naranjeras, ofrecían posibilidades de creación de puestos de trabajo, pues en los demás sectores todo estaba más que cubierto y no nacían nuevas industrias. Y aún así construcción y agricultura también empezaban a complicarse, pues aunque los salarios que se pagaban a los judíos ya eran bastante bajos, los árabes estaban dispuestos a trabajar aún por mucho menos, con lo que los agobiados empresarios judíos se olvidaban de la solidaridad racial y se decantaban por la mano de obra árabe, mucho más barata aunque fuera también menos efectiva.

Palestina era un territorio cuya administración había sido concedida a Gran Bretaña pocos años antes, pero el gobierno que realmente mandaba y la organización interna del país sufrían una terrible presión por parte de los árabes, y el sentimiento antijudío iba creciendo a la misma velocidad que los problemas de los propios judíos. Todos los que habían creído ver un brillante futuro tras aquella esperanzadora *Declaración Balfour,* que parecía encerrar la promesa de que los ingleses estaban decididos a ayudar a los judíos a encontrar por fin un lugar para vivir en la que había sido su tierra, se daban cuenta ahora de que la cosa no iba a ser tan fácil. Por buenas que fueran las intenciones mostradas en un primer momento por los británicos, la realidad de las

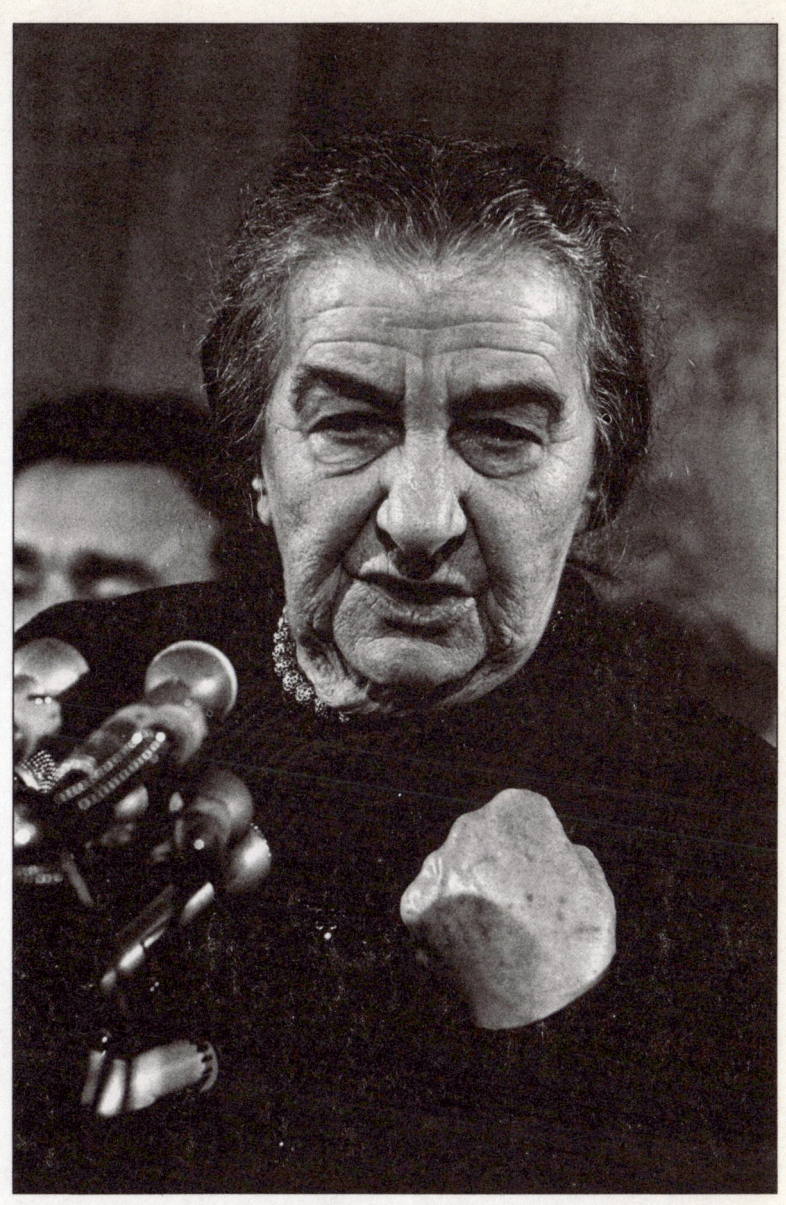
Golda Meir durante una conferencia de prensa tras las negociaciones con el presidente Richard M. Nixon en Washington, D.C., en febrero de 1973.

cosas impedía ir más allá en todo lo referente al optimismo. El gobierno estaba casi completamente aplastado por las presiones árabes, y no hacía absolutamente nada por el desarrollo económico del país. Sólo la ejecución de una red básica de carreteras podía inscribirse en la lista de méritos de la gestión británica, porque en lo que se refería al desarrollo industrial del país no habían hecho prácticamente nada, y cada cual campaba por sus respetos eludiendo como podía el innumerable cúmulo de inconvenientes, problemas y riesgos que suponía el hecho de embarcarse en cualquier proyecto, por humilde que éste fuera.

Los árabes antijudíos más extremistas estaban consolidando a toda velocidad su presencia en todos los estamentos políticos de control del territorio; algunos, como el *muftí* de Jerusalén, Haj Amín-el-Husseini, adquirían poder por el sencillo sistema de amedrentar a los británicos, que al fin y al cabo preferían eludir problemas que en el fondo no eran suyos y cedían constantemente a las presiones de los árabes. El antisemitismo que éstos se dedicaban a sembrar en todo el mundo árabe, utilizando como argumento principal que los judíos les habían arrebatado sus tierras, sin mencionar el pequeño detalle de que antes ellos mismos se las habían vendido por un precio de escándalo —los judíos compraron desierto a precio de vergel y no discutieron el precio— empezaba a dar fruto, y algunos países proárabes, que lo eran simplemente por sus intereses en temas como el petróleo, no por otra razón, iniciaron a su vez una serie de campañas intoxicadoras en contra de los judíos, apoyando la posibilidad de que se les impidiera seguir emigrando con facilidad hacia Palestina e incluso se cortase tajantemente la inmigración en ese mismo momento.

Ese era el ambiente que reinaba en Palestina cuando los padres de Golda llegaron al país. Clara se había quedado en Estados Unidos para acabar sus estudios en la universidad y viajar a Palestina más adelante, pero sus padres no habían querido esperar más y habían comprado desde América dos parcelas de terreno en dos lugares inhóspitos y en ese momento casi desérticos: uno de esos terrenos estaba en Herzlia, unas millas norte de Tel-Aviv, y el otro en Afula, cerca de Merhavia. Ninguno de los dos lugares estaba próximo a donde vivían Sheyna o Golda, por lo que no comprendían cuáles eran las intenciones de sus padres ni dónde pensaban establecerse; Moshe les explicó que Afula iba a ser la sede del primer teatro de ópera en Palestina, y que por tanto en poco tiempo se convertiría en un centro importante aún cuando en ese momento no era más que una humilde aldea en medio del polvoriento desierto. Nadie creía que allí llegase a construirse nunca teatro alguno aunque quizá muchos años más adelante aquel villorrio consiguiese salir de la miseria, y sólo a base de mucho insistir consiguieron convencer a Moshe de que desistiese de su idea de instalarse allí y lo hiciera en Herzlia.

Moshe construyó su casa personalmente, aprovechando su condición de carpintero; fue una de las primeras casas dignas que se levantaron en aquel lugar, y pronto los Mabóvitch empezaron a prosperar en su nuevo país, pues Moshe trabajaba muy bien como carpintero y a Blume se le ocurrió una brillante idea: montar un restaurante, que fue un éxito absoluto pues no había ningún otro ni en Herzlia ni en muchos kilómetros a la redonda. Todos los trabajadores de la zona acudían allí a comer, y el negocio fue pronto el más boyante de cuantos existían en aquella semidesértica región que empezaba a colonizarse. Pero ni el negocio más boyante permitía seguridad en aquel momento y en aquellas circunstancias. La crisis económica se generalizaba a toda velocidad, y había serio peligro de que la incipiente sociedad judía que trataba de desarrollarse en Palestina acabase estallando y desapareciendo. La guerra entre árabes y judíos ya había empezado aunque no se hubiese declarado. Y ese fue el momento en que los partidos políticos judíos, viendo el inminente peligro, decidieron hacer causa común y comenzar a actuar de una forma diferente, más solidaria entre todos los judíos y con un sentido de autoprotección que hasta ese momento no existía. Por otra parte, el movimiento sionista en el exterior también había empezado a moverse para contrarrestar las campañas intoxicadoras árabes, y los judíos que vivían fuera de Palestina empezaron a enterarse del estado real de las cosas, y por tanto, a colaborar con sus compatriotas en apuros.

En ese momento en que se inició la reacción por parte de los partidos políticos judíos la suerte de Golda dio un vuelco. La *Histadrut*, la Federación General del Laborismo Judío, le ofreció entrar en la organización. Era una organización sindical, pero era eminentemente política y se regía por una ideología política ante todo, ayudando a los trabajadores pero desde unos principios que habían de sentar las bases del funcionamiento del futuro país. La *Histadrut* desarrollaba sus propias cooperativas, única forma viable en aquel momento de crear nuevas empresas judías, —la *Solel Boneh*, donde Golda había trabajado, era una de ellas, y aunque se hundió en 1927, resucitaría en 1958— y era, en suma, uno de los pocos organismos judíos de los que podía decirse que tenían una estructura inteligentemente elaborada y de cierta solidez.

Golda dudaba al principio en aceptar esta oferta, pues si volvía a trabajar en régimen de total dedicación su matrimonio se iría definitivamente al garete, y Sarah y Menahen se quedarían sin una madre al estilo tradicional, lo mismo que Morris sin una esposa como las de los demás. Pero era eso o vivir en un permanente estado de incertidumbre y angustia, además de seguir soportando una situación económica cada vez más lamentable. Así que aceptó el trabajo, y Morris no puso pegas porque sabía que no iba a servir de nada. Seguirían juntos, pero cada vez más distanciados, hasta que diez años más tarde la separación se haría efectiva, pero amistosa, pues seguirían viéndose con mucha frecuencia y la relación entre Morris y sus hijos siguió siendo tan estrecha como siempre. Pero el hecho es que, en el momento en que nos encontramos, una nueva etapa se iniciaba en la vida de Golda con su vuelta al trabajo y a la política.

XI. DESPEGANDO EN TEL-AVIV

En 1928, Golda y sus dos hijos dejan Jerusalén para irse a vivir otra vez a Tel-Aviv, aquella ciudad que años atrás no soportaba cuando añoraba tanto su *kibbutz*. Morris se quedaba en Jerusalén e iría a verlos los fines de semana, y no había otra alternativa pues el trabajo de éste estaba allí y no podía arriesgarse a dejarlo. Así que, ya en Tel-Aviv, los niños empezaron a ir a un colegio de la organización laborista y Golda se incorporó a su nuevo trabajo, que durante muchos años iba a absorber por completo su vida y a hacerla subir mucho más alto de lo que ni ella ni nadie hubiera soñado nunca.

El primero de los puestos que Golda desempeñó en esta nueva etapa dentro del laborismo sionista fue el de secretaria del *Moetzet Hapoalot*, el Consejo Laborista de Mujeres del *Histadrut*, organización básicamente feminista destinada a organizar los servicios sociales para las jóvenes inmigrantes que llegaban al país. Se ocupaban en acelerar la integración de las mujeres en la nueva sociedad y las preparaba adecuadamente para el trabajo en los asentamientos agrícolas y en la industria. Pero pese a integrarse de lleno en una organización puramente feminista, Golda jamás sintió por el feminismo el menor aprecio. De hecho, en el futuro siempre trabajaría entre hombres, sin que ello le supusiera el menor inconveniente ni le creara sensación extraña alguna. Para ella el feminismo era simplemente lo que pudiera servir para ayudar a las mujeres, mientras que las reivindicaciones de las feministas radicales no le parecían más que estupideces de cara a la galería. Ella era una madre que compaginaba un trabajo intensivo con las obligaciones de atender a dos pequeños y a su educación, y conseguía hacerlo con eficacia y sin que ni el trabajo ni la vida doméstica se resintieran, aún cuando aquello le costara muchas horas de sueño, pues por las noches tenía que quedarse despierta preparando la comida del día siguiente y haciendo las tareas domésticas que no podía hacer durante el día. Su madre y su hermana le recriminaban el tener a los niños demasiado abandonados, pero ella se desvivía en que no fuera así, y procuraba llevarlos de cuando en cuando al cine o a pasear, y acompañarlos a sus fiestas en el colegio. Cuando poco más adelante Golda empezó a viajar con mucha frecuencia, ese sentimiento de culpabilidad que su madre, su hermana y su marido le hacían sentir, creció notablemente, ya que esas ausencias hacían que los niños estuvieran cada vez más tiempo solos... pero era inevitable. Ella sabía que, con el tiempo, acabarían entendiendo su trabajo y estarían orgullosos de ella, como así fue. Pero la angustia de aquellos años no hubo quien la evitara, angustia que de cuando en cuando se agudizaba a causa de los problemas de salud que la pequeña Sarah tuvo durante años, pues una enfermedad de riñón la obligaba a seguir un régimen muy estricto, a acudir al médico con regularidad y a guardar cama durante períodos más o menos largos. Aquellos eran los peores momentos para Golda, pero tanto ella como los niños supieron superarlos; de hecho, los pequeños pronto empezaron a entender que lo que su madre estaba haciendo era importante para ellos y para el futuro que tendrían que vivir.

En su nuevo puesto, Golda tuvo que viajar cada vez con más frecuencia fuera de Palestina. Entre 1929 y 1930 viajó a Estados Unidos, a Bélgica, a Inglaterra... siempre en calidad de delegada del Consejo Laborista de Mujeres; eran viajes duros, incluso peligrosos (cruzar el Atlántico en avión en 1929 no estaba al alcance de todos los sistemas nerviosos) y desde luego siempre largos; pasaba semanas fuera de casa, y en ocasiones incluso temporadas que a ella misma le parecían excesivamente largas, como cuando tuvo que pasar unos meses en Estados Unidos trabajando en Mujeres Pioneras, la organización gemela del Consejo Laborista de Mujeres en el exterior. Aquella organización tenía sólo cuatro años de vida, la formaban mujeres cuyos maridos eran activos miembros del movimiento sionista y Golda fue allí para ayudarlas a ponerla en funcionamiento, coordinándola con la que funcionaba en Palestina, es decir, la suya.

Durante el viaje a Estados Unidos en 1929 Golda fue a Cleveland para visitar a su hermana Clara, quien finalmente había renunciado a viajar a Palestina tras acabar sus estudios en la universidad, porque había conocido a un joven y se había casado. Su marido se llamaba Fred Stern, y tenían un niño al que habían llamado Daniel David. Golda y Clara se sorprendieron del cambio que ambas habían dado en aquellos años; hacía mucho tiempo que no se veían, y Golda recordaba a su hermana como a una adolescente, una niña, encontrándose ahora con una mujer adulta completamente «americana», pues lógicamente en Clara no había rastro de las nuevas características que todos habían adquirido desde su llegada a Palestina; Clara, a su vez, recordaba a Golda como a una joven activa y dispuesta, pero con las características de cualquier chica americana, y se reencontraba al paso de los años con una mujer endurecida, cargada de responsabilidades, con una personalidad sólida como una roca y tal carga de decisión en sus ojos que resultaba intimidante. Las dos hermanas tardaron algún tiempo en adaptarse la una a la otra, «nuevas» cada una para la otra. Clara y Fred no nadaban precisamente en la abundancia, y pese a que ambos eran universitarios, inteligentes y cultos, vivían casi en la pobreza, hasta un punto en que a la propia Golda, acostumbrada a las privaciones de Palestina, le pareció exagerada. Pero no trató de convencerles para que emigraran, porque su vida ya estaba hecha allí y no querían abandonarla por humilde que fuera. Además, Fred era completamente antinacionalista y el sionismo le parecía un movimiento sumamente reaccionario, por lo que estaba en absoluto desacuerdo con Golda y no dudó en expresárselo así. Golda volvió a casa con la mala noticia para sus padres y para Sheyna de que probablemente nunca más verían a Clara, pues ésta no tenía la menor intención —y en ese momento tampoco la menor posibilidad— de viajar a Palestina.

XII. LAS DUDAS DE INGLATERRA

En 1930 Golda realizó un viaje que, aunque en principio parecía uno más dentro de su actividad de promoción del sionismo en el mundo, resultaría con el tiempo de enorme importancia, porque prepararía el terreno para lo que habría que hacer en un futuro cercano de negro horizonte, un horizonte en el que se dibujaba la cara de un cabo de Silesia. Aquel viaje de 1930 fue a Inglaterra, donde Golda asistió a la Conferencia de Mujeres Socialistas entre más de mil delegados de todo el mundo. En aquella conferencia tuvo ocasión de hablar durante unos minutos del problema de Palestina, pero aunque su intervención fue breve dado el número de participantes, despertó el suficiente interés como para que la invitaran a dar una serie de charlas y conferencias en distintos puntos del país ante públicos realmente interesados en lo que estaba sucediendo en Palestina. No sólo las Mujeres Socialistas de Inglaterra estaban interesadas en el tema, sino que un número asombrosamente alto de otras personas completamente ajenas a Palestina, no judías, mostraron también un enorme interés por la cuestión. Golda descubrió asombrada el motivo de ello: los ingleses, al parecer, consideraban a los judíos en aquel momento una especie de «casta» privilegiada que se estaba apropiando de las tierras de los simpáticos y amables árabes, y querían saber cómo y por qué lo estaban haciendo. Así comprobó que las campañas antisionistas que los árabes habían emprendido daban sus frutos en todas partes, Inglaterra incluida, y comprendió que era imprescindible organizar ya, sin más demora, el contraataque ante aquella permanente agresión. Así que visitó numerosos puntos de Inglaterra explicando su versión de lo que en realidad estaba ocurriendo en Palestina, aclarando a los ingleses que esas tierras que los árabes decían que les estaban expoliando las habían comprado a un precio muy superior al que realmente valían, y que las presiones políticas para impedir el desarrollo de Palestina provenían en su totalidad de los árabes, no de los judíos.

De hecho, aquella visita de Golda a Inglaterra fue, en realidad, la primera vez en que se hablaba públicamente de la cuestión desde el punto de vista judío, aportando pruebas y datos concretos y consiguiendo que gentes ajenas al asunto empezasen a ver y a analizar una versión completamente distinta de la que hasta ese momento se les había dado sobre la cuestión. Las autoridades inglesas en Palestina, como ya mencionamos, querían mantener un difícil equilibrio con los árabes en la zona por diferentes razones de interés económico, y ello resultaba siempre perjudicial para los judíos. Por otra parte, como esa misma autoridad británica no podía exponer en su país las razones por las que se comportaba de forma tan anodina, la versión que el pueblo inglés tenía sobre el problema era muy distinta de esa otra que ahora les estaba facilitando Golda Meyerson... Ella fue quien les explicó que era el *muftí* de Jerusalén, el peligroso Haj Amín el-Husseini, quien organizaba y financiaba los disturbios antijudíos que se reproducían periódicamente, y quien estaba formando un auténtico entramado terrorista sin que las autoridades británicas hicieran nada por evitarlo. Ese mismo *muftí*, que los ingleses conocieron por Golda, sería uno de los más famosos y peligrosos profascistas y pronazis árabes durante la II Guerra Mundial... Cuando Golda terminó aquel viaje y volvió a Palestina, dejó en Inglaterra a un buen número de personas que veían el problema bajo un aspecto bien diferente, y dejó también abierto de par en par el camino para que desde entonces en ese país a los judíos se les escuchase y se les viese de otra manera.

Fue realmente importante aquella visita, tanto que a los pocos meses Golda regresaba a Londres como delegada de la Conferencia Laborista Imperial. Esta vez fue recibida más calurosamente por muchos ingleses, pero sin embargo el éxito de su gira anterior había sembrado la inquietud en el gobierno británico, cada día más preocupado por tener contentos a los árabes, lo que les obligaba a dar marcha atrás en aquellas buenas intenciones expresadas trece años antes en la *Declaración Balfour*, por las que habían prometido su ayuda a los judíos para conseguir que tuvieran por fin un hogar en Palestina. En 1930 parecía como si los ingleses quisieran enterrar por completo aquellas promesas y olvidarse de los judíos; el gobierno de aquel momento, cuyo primer ministro era Ramsay McDonald, publicó el llamado *Documento Passfield*, conocido también como *El Libro Blanco de 1930*, que reducía considerablemente la inmigración y el asentamiento de judíos en Palestina, tal y como los árabes solicitaban. Las cosas no tenían visos de mejorar para los judíos, sino más bien al contrario, pero ningún judío pensaba ni por lo más remoto en que Inglaterra, tan sólo dieciocho años después, fuera a dejarles en la estacada cediendo por completo a las exigencias árabes hasta el punto de declarar que su mandato sobre Palestina terminaba y que renunciaban a seguir controlando la zona. Pero eso era lo que en aquel momento se estaba gestando en Londres. No obstante hay que decir que cuando la «traición» inglesa se hizo realidad, los judíos no perdieron un ápice de su estima por los británicos, sino que culparon exclusivamente de ello a determinados políticos. En aquel segundo viaje a Londres en 1930, Golda continuó con su campaña de información a los británicos, pero poco más pudo hacer en el plano político, pues el gobierno se mostraba inaccesible.

XIII. LA ENFERMEDAD DE SARAH: DOS AÑOS MÁS EN AMÉRICA

En 1932 la enfermedad de riñón de Sarah se agravó hasta el punto de que su vida corría peligro. Golda pidió ser trasladada temporalmente a Estados Unidos para que allí pudiera la niña recibir asistencia médica, pero los médicos que la trataban se negaban a autorizarle el viaje; la niña estaba tan mal que aseguraban que no sobreviviría, pero como parecía evidente que tampoco iba a sobrevivir allí en aquel estado y con el tratamiento que recibía, Golda y Morris decidieron arriesgarse. Era un viaje largo y peligroso pero no quedaba otro remedio que intentarlo. Golda viajaría con los niños mientras Morris se quedaba en Haifa; primero, en tren hasta Port-Said; luego en un vapor francés hasta Marsella, luego en tren hasta Cherburgo y finalmente en barco hasta Nueva York. Dos semanas peligrosas y agotadoras, pero no había otro remedio. Y Sarah lo superó; llegó a Nueva York agotada, pero no en peor estado al que ya mostraba en Tel-Aviv; ingresó en el hospital Beth Israel, y en pocos días los médicos americanos tenían ya su diagnóstico: efectivamente, Sarah tenía una enfermedad renal. Pero no la que le habían diagnosticado y tratado en Palestina, tratamiento que había estado a punto de costarle la vida. Sin un régimen especial, sin siquiera guardar cama, en pocos días la niña estaba de nuevo en pie, engordó y comenzó a hacer su vida normal. Seis semanas después de su ingreso era dada de alta en perfecto estado. Golda había acertado de pleno al arriesgarse a hacer aquel viaje sin el que muy probablemente Sarah habría muerto.

Pero ahora habrían de quedarse una temporada en los Estados Unidos, pues Golda no podía cambiar tan rápidamente de nuevo su destino en el trabajo. Otra vez se veía obligada a viajar a diferentes ciudades para las Mujeres Pioneras y a veces estaba fuera hasta un mes. Los niños vivían en Brooklyn con dos viejos amigos, Fanny y

Jacob Goodman, y aunque añoraban a su madre durante sus largas ausencias, aquella estancia en Nueva York les vino muy bien, lejos de la dureza de aquel mundo de Tel-Aviv y teniendo a su alcance muchas cosas que en su Palestina no existían.

Aquella nueva etapa americana duró dos años, dos años en los que Golda trabajó de forma intensiva y aumentó su prestigio entre los judíos de los Estados Unidos hasta un punto que a ella misma le pareció excesivo. Recorrió el país, en etapas de hasta dos meses de duración, hablando de lo que los judíos estaban tratando de hacer en Palestina, de lo que ya se había logrado y de los enormes inconvenientes que existían para llevar a cabo otras cosas aún no realizadas; habló sobre las dificultades que todos los inmigrantes habían sabido asimilar y superar, y también de la esperanza que todo lo conseguido a costa de tanto sacrificio permitía albergar para el futuro. No es que tratase de pintar Palestina como un paraíso idílico, pues no obviaba las dificultades ni los problemas, pero el retrato que hacía de aquella tierra, para muchos de sus oyentes algo lejano y exótico, resultaba atractivo para todos, y nadie parecía fijarse en el lado amargo de la cuestión. Aunque otro de los fines de aquellas giras de Golda, el de recaudar dinero para la organización, no se cumplía con igual éxito, pues los tiempos eran muy malos, en conjunto puede decirse que el trabajo que hizo en los Estados Unidos durante aquellos dos años fue excelente, y así se lo reconocieron tanto en América como en Palestina. *Goldie* Meyerson, que así se la conocía ya en toda la comunidad judía americana, recibió un cumplido y extenso homenaje general cuando anunció su propósito de regresar a Palestina en el verano de 1934. Hizo una última y breve gira de despedida y emprendió el camino de regreso a su casa.

El regreso al hogar fue, lógicamente, mucho más alegre que la partida, dos años antes. Se había ido a América con una niña moribunda y casi sin esperanza y con su pequeño hijito asustado y sin hablar una palabra de inglés; ahora volvía con dos niños sanos y felices, que hablaban tan bien el inglés como el hebreo y que habían acumulado una serie de útiles experiencias y conocimientos que no habrían estado a su alcance en Palestina. Ardían en deseos de ver a su padre, quien a su vez se sintió enormemente feliz al ver el excelente estado en que sus hijos regresaban y el positivo cambio que habían dado. Menahen era quien, sobre todo, había sentido una llamada muy especial: la de la música, y había desarrollado de una forma definitiva un talento innegable que antes se barruntaba pero que ahora era evidente. Las cosas, en fin, volvían a la normalidad, y Golda retomaba su trabajo en Tel-Aviv para cubrir una nueva etapa en su hiperactiva vida. Pero esta vez Golda no iba a dedicarse ya a cumplir órdenes, a trabajar en la representación de su partido y de sus ideas siguiendo las directrices marcadas por los líderes del sionismo, sino que iba a dar el salto definitivo hacia lo que desde entonces iba a ser su vida: la política de alto nivel.

XIV. EN EL COMITÉ EJECUTIVO DEL *HISTADRUT*

El fruto de aquella nueva estancia en los Estados Unidos no fue solamente el de un aumento considerable de su prestigio tanto en América como en Palestina, sino el de aumentar su valoración de forma considerable ante los ojos de los líderes de su partido y a la vez ganarse definitivamente su aprecio. Lo que se le ofreció a Golda a las pocas semanas de su regreso a Palestina no era algo que cualquiera hubiera estado dispuesto a aceptar, pero tampoco era algo que cualquiera pudiera hacer. Entrar a formar parte del *Va'ad Hapoel*, el Comité Ejecutivo del *Histadrut*, era de hecho convertirse en una especie de ministra de un gobierno no reconocido pero real. Y eso era lo que Golda Meyerson iba a hacer durante los siguientes catorce años: formar parte del gobierno de un país que aún no existía como tal pero que tenía necesidad de ser gobernado como cualquier otro. El *Histadrut* era la doctrina del laborismo sionista, era en aquellos momentos una especie de reducto del socialismo más puro y no todos los judíos estaban de acuerdo con aquella doctrina, pero para la época que corría, era el sistema que Golda consideraba más solidario pese a sus errores, y el único que podía aplicarse para ayudar a los inmigrantes que estaban pasando auténticas penurias. Había un fondo de desempleo, un trato para muchos demasiado igualitario y se imponía a sus miembros y militantes unas condiciones que a muchos parecían inaceptables por su excesiva dureza; Golda era una de las responsables del espartano sistema que el *Histadrut* trataba de imponer, pero aunque recibía ataques desde todos los frentes y desde su propio partido, contaba con el apoyo de los líderes más importantes, desde Ben-Gurión a David Remez o Berl Katznelson, que dieron su visto bueno a las decisiones de Golda, con lo que el *Histadrut* se mantuvo con esas estrictas normas que, sin embargo, aún eran «suaves» si las comparamos con las que poco más adelante hubo que imponer para superar situaciones gravísimas, como las provocadas por los disturbios árabes de 1936 o las dramáticas consecuencias de la II Guerra Mundial.

Cualquier problema de los que hasta entonces habían padecido los judíos de Palestina iba a quedar reducido a una mera anécdota comparándolo con lo que ahora se les venía encima; en 1936 los árabes decidieron jugar fuerte, y el *muftí* de Jerusalén, eterno organizador de los problemas entre ambos pueblos, echó el resto en su decisión de expulsar a los judíos de Palestina. Los árabes recibieron armas y ayuda en grandes cantidades para que acometieran una intensa campaña de agresiones y disturbios, haciendo la vida imposible a los colonos de los asentamientos rurales y sembrando el miedo en las ciudades mediante una red dedicada a las actividades terroristas cada día mejor organizada. A ello se unía el problema de que seguían llegando a Palestina miles de judíos procedentes de Rusia, de donde huían a toda prisa ante los negros augurios de un futuro que se veía cada día más cercano y que llegaba cargado de incertidumbre. Una nueva ola inmigrante que pronto se vería aumentada con otras procedentes de Polonia, Alemania y otros países de Europa. Miles de inmigrantes que llegaban a un país inmerso en una crisis económica cada día más grave, y cuyas estructuras podían llegar a sufrir un *crak* irreversible. El mundo asistía indiferente a lo que estaba ocurriendo, y los ingleses en especial parecían ignorar por completo la cuestión. Sólo los propios judíos, por sus propios medios, podían tratar de salir de aquel pozo.

Mientras los árabes se desvivían por demostrar al mundo que los disturbios que estaban provocando eran el resultado de haber sido desposeídos de sus tierras por los judíos, a los que acusaban de querer organizar Palestina sin tomar para nada en cuenta a los árabes residentes allí, los judíos tenían que desgañitarse desmintiendo aquella acusación mediante la exposición de evidencias irrebatibles: en primer lugar, la población árabe en Palestina se había duplicado desde que se instaló allí el primer asentamiento judío; en segundo lugar, el nivel de vida de los árabes de Palestina era muy superior al de cualquier otro árabe de cualquier punto de Oriente Medio, lo cual hacía que constantemente llegaran oleadas de árabes de todas partes en busca de una vida mejor. Por eso, cada intento que los británicos hacían por cortar la inmigración judía a Palestina con la excusa de que no había ya sitio para más, la respuesta de los judíos era contundente, y en la mayor parte de los casos era Golda Meyerson quien se encargaba de abrir los ojos a los británicos a base de mostrarles sus propias estadísticas, las cifras reales de inmigración elaboradas por ellos mismos. Por eso los ingleses, que no podían cortar la inmigración árabe porque tenían que cuidar su relación con ellos, tampoco tenían autoridad moral para cortar la inmigración judía, y el problema iba haciéndose cada día mayor. Empezaba a evidenciarse para todos que no iba a ser posible una convivencia pacífica entre árabes y judíos en Palestina, y esa era la «patata caliente» que los británicos querían soltar como fuera.

El *muftí* de Jerusalén forzaba cada día más la situación; como presidente del Alto Comité Árabe declaró una huelga general dirigida a paralizar completamente la economía de los judíos en el peor momento para éstos, ordenando que ningún árabe en Palestina trabajara para ningún judío y que no se les vendieran más tierras (pues cada judío que llegaba seguía comprando la tierra) para que cesase la inmigración. Los judíos respondieron a esta provocación actuando como si nada ocurriera: si el puerto no funcionaba, abrirían uno propio en Tel-Aviv; si los árabes se negaban a llevar los productos del campo al mercado, los labradores judíos los llevarían ellos mismos trabajando más tiempo, todo el que hiciese falta, y si no había transportes árabes por carretera, los conductores judíos blindarían sus vehículos, trabajarían el doble y cubrirían las necesidades de ese transporte. No había nada más que hablar, y la respuesta llegaba no en forma violenta, sino de una manera que debía resultar preocupante para los árabes: demostrando los judíos que no los necesitaban. Todo lo que los árabes no hicieran, lo harían los judíos. Y lo hicieron.

Aquella huelga general de 1936 y el boicot árabe del puerto de Jaffa dio a los judíos una idea que se apresuraron a poner en práctica, y Golda fue la encargada de viajar nuevamente a Estados Unidos a recaudar fondos para financiarla. Se trataba de crear una compañía naviera propia que se llamaría *Nachshon*, en recuerdo del primero de los hijos de Israel que obedeció la orden de Moisés de lanzarse al Mar Rojo durante el Éxodo de Egipto. Aquella compañía, que había sido ideada y proyectada por David Remez, iba a ser parte de un proyecto aún mayor: el reclutamiento en toda Palestina de judíos que quisieran recuperar la vieja tradición marinera de su pueblo, perdida mucho tiempo atrás, y quisieran ser adiestrados para trabajar en el mar como lo habían sido para trabajar la tierra. Eso supondría la construcción de un puerto propio, el adiestramiento de muchos miles de hombres como marinos u obreros portuarios, la compra y más tarde la construcción de barcos... un proyecto gigantesco que, pese a las enormes y evidentes dificultades que encerraba entusiasmó a todos los judíos desde que se dio a conocer. Y así, en 1937, Golda vuelve a viajar a Estados Unidos para emprender esta nueva campaña con un resultado colateral al perseguido: no solo conseguir fondos sino interesar en el proyecto a importantes navieros judíos de todo el mundo.

Golda se tomó el *Proyecto Nachshon* como si le fuese la vida en ello; le entusiasmaba de tal manera que pareció olvidarse de todo lo demás, pensando exclusivamente en barcos, en una armada propia, en líneas de buques de pasajeros, en una marina mercante potente y efectiva... Pero existía un problema: llegaba 1939, y con él la guerra. De toda Europa llegaban a Palestina judíos desesperados huyendo del nazismo y del evidente peligro que encerraba, pero parecía cada día más evidente que el gobierno británico, ante aquella situación prebélica, acabaría por cortar radicalmente la inmigración cediendo a las pretensiones árabes. Aunque tres años antes una delegación enviada de Londres, la *Comisión Peel*, había recomendado como única vía de arreglo que el país se dividiese en dos, un Estado judío que ocupara un total de dos mil millas cuadradas, y un Estado árabe que ocupara el resto del país, dejando un enclave internacional en Jerusalén con un pasillo desde allí hasta el mar, la propuesta no fue aceptable para los judíos, a los que se les concedía muy poco espacio en relación con la población que ya estaba allí asentada, sin contar con la futura emigración; Golda Meyerson fue una de las primeras personalidades judías en oponerse frontalmente a aquel arreglo, y no se guardó sus razones. Finalmente, aunque con la negativa de Golda, la propuesta fue aceptada pues Ben-Gurión convenció a todos de que mejor era un Estado pequeño que ningún Estado, pero por suerte para todos, después de aceptada la propuesta ésta no pudo ponerse en práctica porque fueron los árabes los que la rechazaron tajantemente.

Si la hubieran aceptado —como Golda Meyerson diría más tarde—, *hubieran tenido un Estado palestino desde aquel mismo momento, pero, como siempre, fue una decisión como todas las decisiones que tomaban: escogían no lo que era bueno para los árabes, sino lo que era malo para los judíos. Y eso es lo que siguieron haciendo durante cuarenta años.*

Los judíos, Golda incluida, habían acabado aceptando aquel *Plan Peel* pensando en la guerra que se avecinaba; si hubieran dispuesto de un Estado, por pequeño que éste hubiera sido, hubieran podido salvarse cientos de miles o millones de vidas de judíos que huían de los nazis, y haberlo impedido por simples cuestiones formales hubiera sido un crimen incalificable... Pero ningún judío podía culparse de que aquel plan hubiera fracasado, ya que fueron los árabes quienes lo rechazaron. Todos los judíos eran perfectamente conscientes de lo que estaba pasando en Europa y del enorme peligro que corrían millones de judíos europeos, pero parecía como si el resto del mundo no se diera cuenta de ello. Nadie daba la menor importancia a lo que desde Palestina se estaba diciendo a voz en grito porque en aquel momento el mundo se limitaba a considerar a los judíos como una raza desperdigada, unos pocos cientos de miles que vivían en los países en los que habían nacido, y otros cuantos cientos de miles que vivían en Palestina. Nadie hablaba del número total de judíos en Europa, porque nadie creía en ese peligro. Nadie imaginaba siquiera que Europa entera acabaría bajo el terror nazi.

XV. LA II GUERRA MUNDIAL Y EL TERROR NAZI

Si la II Guerra Mundial fue una de las más catastróficas y espeluznantes experiencias vividas por la Humanidad en toda su Historia, para los judíos fue algo aún mucho peor. El hecho de haber tenido la desgracia de que un asesino demente fijara los ojos en su raza y decidiera exterminarla, convirtió las peores experiencias de los judíos a lo largo de toda su existencia en algo casi sin importancia. El alcance de la gigantesca matanza que se avecinaba no podía ser siquiera imaginado por nadie, y sólo el paso del tiempo a lo largo de los años siguientes permitió ir asimilando paso a paso la espantosa realidad de lo que estaba ocurriendo.

En 1938, sin embargo, y aunque existía ya en muchos países una evidente preocupación por lo que pudiera pasar, a la vista del comportamiento que los nazis estaban mostrando aún antes de declarar la guerra, en ese año de 1938, decía, sí había ya algún intento de preparar el terreno para una posible huída de los judíos de determinadas partes de Europa; durante ese verano Golda es enviada como observadora a la Conferencia Internacional sobre Refugiados convocada por Franklin Delano Roosevelt en la localidad francesa de Evian-les-Bains; allí no sólo no pudo exponer su opinión como enviada de los judíos de Palestina, sino que ni siquiera tuvo opción a sentarse entre los delegados, teniendo que conformarse con asistir como un espectador más escuchando a los delegados de 32 países que habían ido allí a discutir sobre las cuotas de refugiados judíos que les hubiera gustado acoger pero que no podían atender. Era un espectáculo denigrante, y Golda sólo pudo sentir una mezcla de rabia, ira, vergüenza, frustración, pena y, sobre todo, terror ante lo que parecía avecinarse.

Antes de abandonar Evian, Golda convocó una rueda de prensa para decir lo que no había podido decir en aquella patética conferencia. Y además de expresar su temor por lo que se avecinaba y su pena por la falta de solidaridad de todos aquellos países, dijo esto: *Sólo una cosa deseo y espero ver antes de morir: que mi pueblo no necesite ya expresiones de simpatía.*

Golda se refería, por supuesto, al día en que su pueblo tuviera ya un Estado propio, un país propio dispuesto a acoger a cuantos judíos pudieran necesitarlo. Si en ese momento tal país hubiera existido, casi cinco millones de judíos hubieran tenido al menos la opción de salvar sus vidas.

Cuando en 1939 empezaba la gran persecución y los asesinatos masivos de judíos en Austria y en Alemania, cuando ya estaba claro lo que iba a ocurrir y no se trataba ya de meras suposiciones pesimistas, entonces, en ese dramático momento, se produjo la «traición» inglesa. En lugar de facilitar la huída de los judíos perseguidos y dirigirlos hacia Palestina, ya que ningún otro país estaba dispuesto a aceptarlos, las autoridades inglesas decidieron cortar radicalmente la inmigración. El gobierno de Chamberlain, atemorizado ante Hitler, se arrugó también ante los árabes pronazis y cedió completamente a sus presiones. Ese fue el año del «Libro Blanco» sobre Palestina, que puso fin al mandato británico en la zona. La inmigración judía se restringía a un total de 75.000 personas durante los siguientes cinco años, y después quedaría definitivamente cortada, a no ser que los árabes palestinos decidieran levantar la prohibición.

Por supuesto que los judíos no estaban dispuestos en modo alguno a aceptar aquello; el «Libro Blanco» era un simple insulto y las protestas fueron instantáneas y furibundas... pero nada más se podía hacer, sólo protestar. Si los ingleses se iban de Palestina, ¿a quién podían dirigirse los judíos para evitar aquel abuso, aquella muerte definitiva de todos sus proyectos de tener algún día un Estado propio?... Había que seguir luchando pero quizá eran necesarias nuevas estrategias, y la debilidad no podía ser una de ellas.

En agosto de aquel año de 1939, Golda Meyerson sale rumbo a Suiza para tomar parte en el Congreso Sionista de Ginebra. No iba a discutir sino a poner en conocimiento del mundo que los judíos de Palestina ya habían establecido la política que iban a seguir a partir de ese momento, fueran cuales fuesen las opiniones de las delegaciones de los demás países. Básicamente podía resumirse así: la inmigración iba a continuar aunque fuera preciso mantener enfrentamientos armados con los ingleses; los judíos seguirían estableciéndose en nuevos asentamientos y defendiendo los ya existentes, lo que suponía de hecho la posibilidad de una guerra contra los ingleses si éstos seguían con su política de ceder ante los árabes y perjudicar a los judíos. Mientras la Sociedad de Naciones y el resto de los países del mundo se lamentaban de no poder ayudar a los judíos, éstos tenían que ayudarse a sí mismos sin contar con nadie a partir de aquel momento, y así iba a hacerse dijeran lo que dijeran los presentes en Ginebra. Cuando Golda abandonó la conferencia, una cosa había quedado muy clara para todos: los ingleses se habían arrugado ante los árabes pero los judíos no se arrugaban ni ante los árabes ni ante los ingleses. Aquello fue como una bomba para el gallináceo gobierno del débil Chamberlain, quien de nuevo no supo qué hacer ante aquel desafío tan escueto como claro. Pero por si le quedaba alguna duda, poco después, cuando en septiembre de 1939 estalló la guerra, Ben-Gurión vino a aclararle las cosas a la Inglaterra que los había traicionado: *Lucharemos contra Hitler como si no existiera el «Libro Blanco», y lucharemos contra los ingleses como si no existiera Hitler.*

Si algo no puede negarse a aquellos judíos de la Palestina de 1939 es una carga de valor de incalculable magnitud. Un pueblo que apenas tenía otra cosa que problemas, cubría sus carencias con una sobredosis de decisión de tal calibre que no dudaba en abrir tres frentes a cual más importante: uno contra Hitler, otro contra los ingleses... y un tercero, que en realidad ya estaba abierto desde hacía tiempo, contra los árabes. Pero nadie en Palestina hablaba de dar un paso atrás, pese a que los tres enemigos se comportaron de una forma igualmente feroz.

Si lo de Hitler y los árabes puede resultar explicable, lo que resulta mucho más difícil de comprender es el motivo real que los ingleses tuvieron para tratar de evitar a toda costa la inmigración de judíos hacia Palestina y que éstos pudieran seguir desarrollando su propio Estado dentro de aquel territorio. Quizá fue que la soberbia inglesa les impedía asimilar que aquel país insignificante ignorase olímpicamente sus decisiones y órdenes, o quizá había otras razones más oscuras tras aquel inusitado furor por defender los intereses árabes aún cuando aquellos árabes a los que defendían eran abiertamente pronazis y profascistas. Nadie podía explicarse por qué los ingleses se tomaron su guerra con los judíos con la misma ferocidad y saña con que combatían a los propios alemanes, pero el caso es que así era. El gobierno británico, en una demostración asombrosa de indignidad que aún no ha sido explicada al mundo, se convirtió en el mayor obstáculo para quienes trataban de salvar las vidas de cientos de miles de judíos. En aquellos momentos Inglaterra parecía estar trabajando para Hitler, preparando a los nazis el camino para que pudieran organizar el Holocausto más cómodamente. Era asombroso pero se negaban a una petición que ni el ser humano de peor calaña hubiera sido capaz de rechazar. Todo lo que los judíos palestinos pedían entre 1939 y 1945 era permiso para poder acoger en su territorio a todos aquellos judíos en peligro de muerte, con el fin de darles asilo y compartir con ellos lo que tenían. No pedían siquiera ayudas suplementarias para afrontar la avalancha de inmigrantes, no pedían nada más para que esa primera y básica súplica fuese escuchada. Pero no. Mientras millones de judíos eran ejecutados por Hitler, Inglaterra hacía lo posible por impedir que los judíos de Palestina pudieran ayudar a los que trataban de escapar a la muerte. Los ingleses eran inflexibles, no escuchaban súplicas ni razones de nadie, era como si escondiesen algún motivo inconfesable que los obligaba a actuar de esa forma, satisfaciendo en todo momento a unos árabes abiertamente pronazis.

Lo que ocurrió en Europa en aquellos años, unido a la traición de los ingleses y al comportamiento de los árabes fue lo que provocó que el Estado de Israel naciera antes, incluso mucho antes de lo que sus propios fundadores preveían. Los judíos fueron forzados por las circunstancias a defenderse y a actuar como lo hicieron. La Guerra Mundial fue para los judíos de Palestina una época terriblemente agotadora, extenuante. Aquellos tres frentes abiertos estaban permanentemente al rojo vivo, y Golda lo sabía muy bien porque participaba en cada uno de ellos, en cada una de las tres luchas sin cuartel que los judíos se vieron obligados a sostener durante aquellos años. Constantes acciones militares contra los ingleses se alternaban con una guerra sorda contra los terroristas y los bandidos árabes, además de constantes intentos de que los ingleses les permitieran participar en la lucha directa contra los nazis. Todo eso había que compaginarlo con el agotador trabajo diario y los escasos frutos que éste daba, y sumarle además las oleadas de inmigrantes que seguían llegando, con los consiguientes problemas que ello suponía. Según la propia Golda reconocería años más tarde, lo que les daba fuerzas para soportar aquella presión insoportable era que ellos, solamente los judíos de Palestina, eran los únicos en el mundo que sabían lo que de verdad estaba ocurriendo con los judíos de Europa; mientras el resto de la Humanidad se negaba a creer que Hitler estuviese procediendo a un exterminio masivo y sistemático, los judíos de Palestina sí lo creían porque tenían datos reales, que llegaban con sus propios protagonistas, algunos de los pocos que habían conseguido escapar y finalmente alcanzar Palestina, datos tan estremecedores que su sólo conocimiento daba fuerzas a quienes llegaban a conocerlos para seguir adelante, para seguir luchando por evitar aquel gigantesco genocidio que el mundo parecía querer ignorar y cuya realidad se negaba a reconocer. Golda sabía de las cámaras de gas, del jabón fabricado con grasa humana, de las pantallas de lámparas hechas de piel igualmente humana...

XVI. LA GUERRA CONTRA EL IMPERIO BRITÁNICO

Los judíos de Palestina trataban de ayudar a sus correligionarios europeos de cualquier forma que fuera posible, aún sabiendo que esa ayuda, en muchos casos, no llegaría a los guetos montados por los nazis; Golda estuvo al frente de operaciones para recaudar dinero con el fin de enviarlo a los judíos europeos para que pudieran comprar armas, ropa o comida, un dinero del que, lo sabían perfectamente, sólo una pequeña parte acabaría llegando a su destino, pues la mayoría se lo quedarían los intermediarios. Entre tanto, también se ocupaba de negociar con los ingleses la posibilidad de que los jóvenes judíos pudieran combatir a los alemanes ingresando en el Ejército británico, algo que al principio de la guerra ni siquiera se contempló pero que, según avanzaba la contienda y los nazis se acercaban a Oriente Medio, los británicos tuvieron que aceptar pese a esa política antijudía que llevaban desde hacía tiempo. Cualquier ayuda empezaba a ser imprescindible, y los judíos de Palestina trataban por todos los medios de participar en la lucha contra los alemanes a la vez que intentaban abrir caminos en Europa para poder enviar ayuda a sus compatriotas acorralados.

No todos los judíos estaban de acuerdo en luchar junto a los ingleses, pues muchos pensaban que de producirse una derrota de las fuerzas británicas en la zona, las ciudades y asentamientos judíos de Palestina quedarían completamente desguarnecidos y a merced de los árabes y los nazis, por lo que veían como mejor solución la lucha de forma independiente, sin estar atados al Ejército inglés ni dependiendo constantemente de sus órdenes y estrategias. Era el momento en que se estaba gestando a gran velocidad la estrategia para la inminente fundación del Estado de Israel. Los hombres que pronto serían considerados como padres fundadores de Israel ya habían establecido sus políticas en cada campo, y mientras Ben-Gurión era quien establecía las líneas maestras de la política judía, Eliahu Golomb era quien manejaba los hilos de la *Haganah*, la organización de autodefensa judía que a cada momento resultaba más imprescindible y que, por tanto, estaba recibiendo un impulso importante. La *Haganah* era obra y creación del propio Golomb, un judío ruso llegado a Palestina en 1909 y que con el tiempo entabló conocimiento con otros hombres que llegarían a ser muy importantes para su pueblo, como Moshe Sharet o Berl, figuras claves en la gestación y nacimiento del nuevo Estado. Mientras la *Haganah* era considerada por algunos como una organización paramilitar o casi terrorista, para otros era simplemente una organización débil y poco efectiva, que con su política de autocontención perdía toda efectividad. Esa sensación de debilidad que producía en algunos hizo que surgieran otras organizaciones similares pero mucho más extremistas y contundentes, como la IZL (la *Irgun Zvai Le'umi*) o *Lehi*, también llamada *El Grupo Stern,* mucho más contundentes contra el terrorismo árabe. Pero Golomb sabía que la *Haganah* tendría que acabar siendo una organización al servicio del Estado judío, y como tal la concibió y desarrolló. En aquellos momentos se dedicaba, sobre todo, a proteger a los colonos, a pasar judíos a Palestina de forma ilegal y a saltarse las injustas normas del «Libro Blanco» haciendo pozos o empalizadas donde era necesario, aunque el famoso «Libro» inglés escrito al servicio de los árabes lo prohibiera. Bajo el mando de Golomb la *Haganah* acabó siendo, efectivamente, una organización estatal de enorme importancia. Entre las muchas cosas importantes que la *Haganah* hizo en aquellos años estuvo su lucha particular contra el bloqueo marítimo británico, en la que Golda colaboró con la organización desde su propio puesto. Pese a la férrea oposición inglesa, la organización consiguió comprar y llevar hasta Palestina, cargados de judíos, más de sesenta barcos desde comienzos de los años cuarenta, burlando la vigilancia de las patrulleras británicas que ponían un interés rayano en el frenetismo en que la *Haganah* no consiguiera sus objetivos. En septiembre de 1943, Golda hubo de participar como testigo en un consejo de guerra que los ingleses habían formado contra dos jóvenes judíos acusados de robar armas del Ejército inglés para entregárselas a la *Haganah*; como miembro del *Va'ad Hapoel*, Golda fue llamada a declarar. El acusador, un tal mayor Baxter, estaba allí, por encima de todo, para demostrar que la *Haganah* era una organización eminentemente terrorista, y de hecho aquel consejo de guerra no era otra cosa que una excusa para montar una campaña mediática en todo el mundo en contra de la organización judía que tantos sinsabores estaba causando a los ingleses proárabes en Palestina. Baxter no se quedó ahí, sino que atacó también al *yishuv* sosteniendo que los jóvenes judíos que se alistaban en el Ejército británico con la excusa de combatir a los alemanes lo hacían en realidad para robar armas. Las respuestas de Golda a Baxter y al tribunal fueron tan contundentes y sólidas que obtuvieron una resonancia no sólo nacional, sino que se conocieron en toda Europa y América. El «baño» que Golda dio al acusador y a quienes tenía detrás fue espectacular, haciendo quedar a los ingleses en ridículo mientras aprovechaba para tirarles a la cara públicamente y mostrar al mundo, que lo ignoraba, la larga serie de actuaciones ignominiosas que habían venido protagonizando desde que, por alguna razón aún no explicada, habían tomado abiertamente partido por los árabes pronazis que trataban de expulsar a los judíos de Palestina a toda costa. El consejo de guerra acabó convertido en un alegato antibritánico que sirvió para que la causa judía ganase muchas simpatías incluso en la propia Inglaterra. Pero las cosas no iban a cambiar, y la política británica después de la guerra seguiría obcecada en sus errores y en sus misteriosas actitudes abiertamente proárabes. Incluso empeoró la situación, pues el gobierno inglés decidió ignorar ya por completo cuantas promesas había hecho en el pasado a los judíos, mantuvo el «Libro Blanco» vigente contra viento y marea y radicalizó aún más su postura contra los judíos. Cuando el mundo ya conocía la espantosa verdad sobre el Holocausto, cuando ya se sabía que seis millones de judíos habían sido exterminados y cuando los judíos de Palestina se desvivían por ayudar a los supervivientes de los campos de concentración ofreciéndoles un lugar donde vivir, el gobierno inglés, como si todo aquello no estuviera ocurriendo, siguió en su asombrosa postura proárabe y antijudía, ciego y sordo a cualquier razonamiento. Fue su actitud la que forzó la toma de postura de los judíos, decididos ya a fundar su Estado como único medio de defensa o, mejor, de supervivencia. Entre ser aplastados por los ingleses y los árabes o luchar por una esperanza de vida, no había duda alguna. Así, en 1945 se inició la auténtica lucha de los judíos, la *Ma'avak*, que estalló tras la negativa británica a escuchar una petición del presidente Truman, que solicitaba que se permitiese la entrada en Palestina a cien mil refugiados judíos procedentes de Alemania y Austria. Los responsables ingleses de aquella negativa, Attlee y Ernest Bevin, propusieron a los norteamericanos la creación de un comité para estudiar la solución del problema palestino. Se creó el Comité Angloamericano de Investigación, y a comienzos de 1946 se celebraron en Palestina varias reuniones tras haber visitado el comité distintos campos de refugiados y haber hablado con los interesados. Ante aquel comité, el 25 de marzo de 1946, Golda Meyerson, en representación del *Histadrut*, hizo una larga exposición del verdadero estado de las cosas, relató cuanto había visto en aquellos años, describió el sentimiento de su pueblo al haber asistido a la matanza de millones de judíos sin haber podido hacer nada por evitarlo... y advirtió al comité que el pueblo judío estaba firmemente decidido, según sus propias palabras...:

... a poner fin a lo que el gran poeta hebreo Chaim Nachman Blalik llamó «la absurda vida y la absurda muerte» de nuestro pueblo. Estoy autorizada, en nombre de los cerca de 160.000 miembros del Histadrut, *a declarar aquí de la forma más rotunda que no hay nada que el laborismo judío no esté dispuesto a hacer en este país para recibir a grandes masas de inmigrantes judíos, sin limitaciones ni condiciones de ningún tipo.*

Golda se dirigió con toda sinceridad y con absoluta dignidad a los representantes norteamericanos y británicos; les expuso lo duro que resultaba para los judíos pertenecer a un pueblo cuya existencia estaba constantemente amenazada y les pidió que entendieran que lo único que los judíos pedían era el derecho a tener un país propio, sin depender de otros.

Los norteamericanos se decantaron claramente en favor de los judíos, mientras los británicos siguieron con su actitud proárabe. Y entre tanto un barco tras otro continuaban llegando cargados con judíos que querían vivir en Palestina. Para los ingleses eran inmigrantes ilegales, y trataban incluso de impedir la entrada de los que legalmente podían hacerlo por estar dentro del cupo autorizado por el «Libro Blanco». Poco a poco la situación se hacía más tensa y las posturas se radicalizaban. Los ingleses ya no se limitaban a tratar de impedir la llegada de barcos a las costas de Palestina, sino que los detenían ya antes de llegar, como hicieron con dos buques capturados en la Riviera italiana antes de que llegaran a salir hacia Palestina. Tras una huelga de hambre y un escándalo internacional los británicos permitieron a ambos buques, con 1.014 inmigrantes a bordo, que salieran hacia Palestina.

El Comité Angloamericano hizo públicas sus conclusiones el 8 de mayo de aquel año de 1946, y en ellas se proponía que se admitieran inmediatamente en Palestina cien mil inmigrantes judíos, se derogasen las cláusulas del «Libro Blanco» por las que se impedía la compra de tierras a los judíos y se pedía a los ingleses que el mandato se prorrogase en un fideicomiso a las Naciones Unidas. Los ingleses volvieron a negarse a todo, y advirtieron que lucharían contra los judíos si trataban de hacer realidad esta propuesta. Cumplieron su amenaza, y el sábado 29 de junio de 1946, que desde entonces sería conocido como el «Sábado Negro», el Gobierno británico declaró la guerra al *Yishuv*. Cien mil soldados y dos mil policías británicos irrumpieron en tromba en ciudades y asentamientos; ocuparon todas las instituciones judías, impusieron el toque de queda y encarcelaron a más de tres mil judíos, entre ellos numerosos dirigentes del *Yishuv*. Se trataba de destruir la *Haganah*, desmoralizar a los judíos más belicosos y acabar radicalmente con la inmigración, es decir, imponer el cumplimiento de lo estipulado en el «Libro Blanco».

Muchos jefes de la *Haganah* consiguieron escapar a las detenciones, pues habían sido advertidos de lo que se preparaba y habían tenido tiempo de esconderse, así como de trasladar los depósitos de armas a lugares seguros. Aunque la mayor parte de los jefes fueron detenidos, Ben-Gurión, que estaba en el extranjero, y Golda Meyerson se libraron del arresto. Golda quedó libre porque no podían acomodarla en el campo de Latrum, donde habían llevado a todos los jefes de la *Haganah*, y además, como era mujer y conocida en todo el mundo, debió parecerles menos arriesgado dejarla en paz. Aquella gran razia duró varios días, durante los cuales los ingleses causaron enormes destrozos en numerosos asentamientos con la excusa de buscar depósitos de armas. Miles de detenidos fueron llevados de un lado a otro del país y en algunos *kibbutzim* sólo quedaron mujeres y niños.

Al estar prácticamente todos los jefes detenidos, Golda pasó a ser jefe en funciones del Departamento Político de la Agencia Judía, y suya fue la responsabilidad de decidir qué respuesta se daba a la actuación inglesa. Golda propuso la resistencia civil, porque si no se hacía nada era evidente que los mucho más radicales miembros del IZL y el Grupo Stern se harían con las riendas de la situación y todo el país podría estallar. Los miembros de la *Haganah* no estaban de acuerdo con los métodos de estas dos organizaciones, que podían hacer más daño que bien a la causa, y había que evitar que aquel «Sábado Negro» provocase que se lanzaran a cometer actos terroristas que podían acarrear funestas consecuencias para todos.

Golda pidió ayuda a Chaim Weizmann, famoso científico e influyente político que en aquel momento presidía la Organización Sionista

Mundial y la Agencia Judía. Para todo el mundo, Weizmann era el principal portavoz de todos los judíos del planeta, y su influencia alcanzaba los más altos círculos de poder tanto en Europa como en América. Aunque no se llevaba bien con Ben-Gurión, que le reprochaba su excesiva confianza en los ingleses, era uno de los judíos más respetados por todos los judíos de la tierra, era el hombre que encarnaba el sionismo en todo el mundo, y lo que él dijera sería decisivo en una situación como aquella.

Golda le suplicó que hiciera un llamamiento al *Yishuv* para que se adoptase una política de desobediencia civil hacia el gobierno de Palestina, demostrando al mundo que los judíos no iban a dejarse aplastar por los ingleses y su arbitrario proceder, pero también que no iban a recurrir al terrorismo ni al enfrentamiento armado para arreglar aquella situación. Weizmann accedió a hacer ese llamamiento, pero exigió a la *Haganah* una serie de garantías de que no se emprendería ninguna acción hasta que la Agencia Judía se reuniera en París unos días más tarde. Se aceptó lo que Weizmann pedía, pero entonces él se echó atrás, no se atrevió a convocar esa campaña de desobediencia civil, probablemente presionado desde Inglaterra. Su actitud irritó profundamente a los responsables de la *Haganah*. Y poco después, en la reunión de París, los ingleses hicieron otra propuesta: cantonizar Palestina ofreciendo un cantón a los judíos. La ira se iba convirtiendo en el estado de ánimo general en todo el país. Y entre tanto todo seguía igual: llegaban barcos, los ingleses continuaban con su política de demolición de los judíos y la situación general del país se deterioraba a toda velocidad.

XVII. SITUACIÓN LÍMITE

En 1947 esa situación límite que se estaba viendo venir se produjo por fin. Los ingleses, siguiendo una política ya completamente desquiciada, perdieron definitivamente el control de la situación en todos los terrenos. Por una parte no les interesaba en absoluto seguir allí, independientemente de cuáles fueran sus intereses comunes con los árabes; su guerra abierta con los judíos había desembocado en una batalla permanente con los inmigrantes y con los activistas judíos. Ernest Bevin, máximo responsable de la actuación inglesa, parecía haber enloquecido de ira al no haber podido doblegar a los judíos en el tema de la inmigración, y sus reacciones ahora ya no eran las de un ministro de Asuntos Exteriores británico, sino más bien las de un guerrillero furibundo dispuesto a acabar, costara lo que costase, con un enemigo peligroso y violento.

Pero toda aquella fuerza que Bevin utilizaba contra los judíos seguía sin doblegarlos. Los ingleses empezaron a llevarse de Palestina a inmigrantes ilegales y a internarlos en campos de concentración en Chipre; así, algunos judíos que acababan de ser liberados de los campos de concentración de Hitler se veían de nuevo tras las alambradas, esta vez de campos ingleses, y la ira de los judíos palestinos y del resto del mundo crecía con el paso de los días. Golda viajó a Chipre para tratar de conseguir que los ingleses liberasen al menos a los miles de niños retenidos en aquellos campos donde ya estaban internados más de 40.000 judíos. Los ingleses sólo permitían que cada mes entrasen en Palestina 1.500 judíos, 750 procedentes de los campos de concentración de Europa y los otros 750 de los internados en Chipre. Ni uno más. Pero los niños retenidos en Chipre tenían que soportar unas condiciones muy duras que acabaron preocupando seriamente a los médicos que se ocupaban de ellos. Finalmente dijeron que no podían responsabilizarse de aquellos niños si no se mejoraban sus condiciones de vida, y entonces Golda inició negociaciones con el gobierno de Palestina para buscar una solución. Propuso que las familias internadas en Chipre que tuvieran un hijo de menos de un año tuvieran prioridad para salir del campo, adelantando el turno ante los retenidos a los que realmente les correspondía. Ello exigía, por una parte, que el gobierno se mostrase flexible, y por otra, que los inmigrantes a los que correspondía el derecho de salir aceptaran cederlo. Golda, con una paciencia digna de aquella causa, consiguió esa flexibilidad del gobierno y aún más, logró que éste apremiase la salida de los niños huérfanos, dándoles prioridad absoluta.

Le faltaba ahora la parte más difícil: que los internados en Chipre aceptasen ceder sus turnos. Golda fue a Chipre y comprobó personalmente el penoso estado en que se encontraban los refugiados. Un campo en lamentables condiciones, prácticamente un campo de prisioneros igual a los que millones de personas habían conocido durante la guerra, sin apenas agua ni higiene, pues no se permitía a los internos bañarse pese a que el campo estaba junto al mar; mala y escasa comida, pésimas condiciones sanitarias y un calor infernal en las vetustas tiendas que servían de alojamiento a los internos. Golda imaginó que su propuesta no sería ni siquiera tomada en cuenta.

Pero, lógicamente, expuso lo que venía a exponer. Ante todo, trató de convencer a los internados de que lo más importante era salvar a los niños, pero que estaba convencida de que nadie iba a pasar mucho más tiempo allí, porque la situación iba a cambiar en breve. Al principio distintos grupos se negaron en redondo, pero tras horas de discusión la propuesta de Golda fue aceptada de forma casi milagrosa. Los niños empezaron a salir de Chipre inmediatamente.

Pero la situación en Palestina, independientemente de que asuntos puntuales como éste pudieran resolverse de manera más o menos satisfactoria, era cada día peor. Los activistas del Grupo Stern y del IZL operaban cada vez con más frecuencia y con más violencia, y los ingleses les respondían de forma igualmente contundente. Llegó el momento en que los detenidos de estas organizaciones eran apaleados por los británicos, hasta que en represalia dos soldados ingleses fueron ejecutados y se alcanzó un cota de violencia por ambas partes extremadamente peligrosa.

En 1946 se celebra el Congreso Sionista de Basilea, en el cual se decide que Moshe Sharet presida a partir de entonces, desde Washington el departamento político de la Agencia Judía, y Golda Meyerson es nombrada su presidenta en Jerusalén. En aquellos momentos Jerusalén era un lugar prácticamente sometido a estado de sitio, con una fortificación inglesa en el mismo centro de la ciudad —que los judíos llamaban *Bevingrado*— de la que en cualquier momento salían en tromba tanques o vehículos blindados para sofocar radicalmente cualquier disturbio que se produjese en cualquier punto de Jerusalén y sus cercanías. Las redadas, registros, toques de queda y detenciones estaban a la orden del día, los enfrentamientos entre el Ejército británico y las organizaciones activistas judías formaban parte de la rutina cotidiana y constantemente las autoridades decidían deportar a judíos que eran detenidos en cualquier situación comprometida sin someterlos a juicio y acelerando al máximo los trámites para su expulsión.

La situación era insoportable para todos; en primer lugar para los judíos, sometidos a la doble presión de los ingleses por un lado y los árabes por otro; en segundo lugar, para los británicos, que veían que el problema se iba a eternizar porque no parecían existir esperanzas de poder doblegar a los judíos, y aquella situación era lo que menos podía interesar a Londres, que ya quería sacarse el problema de encima como fuera, hasta el punto de que en febrero de aquel durísimo año de 1947 el propio Ernest Bevin reconocía que Inglaterra estaba ya harta de aquel asunto, y que lo dejaba para que fueran las Naciones Unidas quienes se encargaran de resolver el complejo problema de Palestina.

Así, se formó un Comité Especial de las Naciones Unidas sobre Palestina, el UNSCOP, que llegó a Palestina el primero de septiembre de ese mismo año para estudiar las circunstancias del conflicto y presentar ante la Asamblea General una propuesta de solución. Los árabes, siguiendo su estrategia permanente e inamovible, se negaron en redondo a colaborar, pues lo último que querían era que se arreglara el problema, ya que toda su intención era expulsar a los judíos y quedarse con cuanto éstos poseían y habían conseguido levantar en Palestina. Los judíos, en cambio, sí colaboraron, como lo hizo el gobierno palestino y, algo más adelante, también algunos países árabes. Golda estaba en medio de todo, representando a su gente en cada una de las duras negociaciones que había que emprender, y seguía con su tarea de dar a conocer la realidad de la situación a todos, incluidos los miembros del comité que no tenían prácticamente ni la más remota idea de la Historia de Palestina, del sionismo y del problema que estaban tratando solucionar. Finalmente, comprendieron en toda su extensión la exigencia judía de poder llevar a Palestina a los supervivientes del genocidio nazi, la mayoría de los cuales no tenían otro lugar a donde ir o bien querían a toda costa pasar el resto de sus vidas con su propio pueblo. Y entonces, como una más de las muchas sorpresas que la enloquecida política de Bevin deparaba un día tras otro, se produjo el enorme problema, derivado en escándalo internacional, del buque *Éxodus*.

XVIII.   EL DRAMA DEL *EXODUS*

El mundo entero pudo asistir a la más gratuita, estúpida y enloquecida demostración de fuerza que aquel incompetente ministro de Exteriores, llamado Ernest Bevin, decidió montar pocos días antes de que el UNSCOP empezase a plasmar los acuerdos que se estaban consiguiendo entre las partes negociadoras. Ante el asombro del mundo entero el Ejército inglés apresó y decidió devolver a Alemania a los 4.500 judíos que acababan de llegar a Palestina a bordo de uno de los viejos buques de la *Haganah*, el *Exodus 1947*, barco que se convertiría, primero, en histórico, debido a la odisea que protagonizó, y más tarde, en mundialmente famoso gracias a la superproducción que Hollywood hizo basándose en aquella historia y plasmó en una gran película, *Exodus*, de 1960, dirigida por Otto Preminger y protagonizada por Paul Newman, que describió con notable fidelidad no ya lo ocurrido en aquel extraordinario suceso, sino lo que estaba sucediendo a todos los niveles en Palestina, aportando un análisis bien distinto al conocido hasta entonces sobre la política que los ingleses estaban desarrollando, los métodos terroristas aplicados por los árabes y el desconocimiento e indiferencia del mundo en general ante el grave problema que allí estaban sufriendo todos. Aunque en la película el final de la historia es diferente, el filme sirvió para dar a conocer al mundo, por primera vez y a gran escala, una versión radicalmente distinta a la que todos conocían sobre el problema de Palestina, facilitada por la propaganda árabe por un lado y la británica por otro. Esta película estaba basada en una novela de León Uris escrita por encargo especial de la Metro Goldwyn Mayer, que deseaba realizar una película sobre la fundación del Estado de Israel, aunque finalmente no fue esta productora, sino la United Artists, quien realizó el proyecto. El productor y director Otto Preminger compró a la MGM por 75.000 dólares los derechos de la novela, aprovechando que ésta había renunciado al proyecto asustada por las presiones y el chantaje de los países árabes, que amenazaron con tomar represalias contra todas las películas de la MGM si finalmente se rodaba *Exodus*. Preminger, judío austriaco nacido en 1906 en Viena y emigrado a Estados Unidos en 1935, no sólo no se arredró ante las amenazas árabes, sino que con este filme consiguió un éxito a escala mundial y un importantísimo apoyo a la causa de Israel.

Pero entre la historia con final feliz del *Exodus* de la película y la historia real del vetusto *Exodus 1947* hubo grandes diferencias. La película rememoró escenas que el mundo pudo ver en algunos noticiarios, y que mostraban a cientos de soldados británicos empuñando pistolas, granadas y porras atacando sin piedad a aquellos cuatro mil quinientos inmigrantes hambrientos y desarrapados, debilitados por la larga travesía y las enormes privaciones sufridas en los años anteriores; cuatrocientas mujeres embarazadas que habían querido que sus hijos nacieran en Palestina no se libraron del feroz ataque de los ingleses, y ni las recomendaciones del UNSCOP, ni las súplicas del *Yishuv* ni las peticiones del gobierno palestino consiguieron que la furia desencadenada por el ya desquiciado ministro Bevin se suavizara, o al menos se moderara un tanto. En la historia real del *Exodus 1947*, el barco, con sus cuatro mil quinientos pasajeros, fue expulsado de Israel y devuelto a Hamburgo, donde aquellos desgraciados emigrantes se distribuyeron como ganado por distintos campos de desplazados.

En Palestina, poco antes de que el barco fuera deportado a Hamburgo, se intentó por todos los medios impedir aquel acto de soberbia del ministro inglés; entre los muchos actos, declaraciones indignadas y proclamas de todo tipo lanzadas por todas las organizaciones judías, la voz de Golda se dejó oír en un intento desesperado por su parte para que alguien, en algún lugar, ayudara a evitar más sufrimientos a aquellos 4.500 desgraciados. Lo que Golda dijo, y ella misma recogió en su autobiografía, expresa perfectamente no sólo cuál era el sentimiento de todo el pueblo judío en aquel momento sobre aquel tema concreto, sino el sentimiento general sobre la situación en general. Esto fue lo que dijo en una reunión del *Va'ad Le'umi*:

—*Los ingleses esperan que con la deportación del* Éxodus 1947 *lograrán atemorizar a los judíos de los campos de desplazados y arredrarnos a nosotros. Sólo puede haber una respuesta por nuestra parte: esta ininterrumpida sucesión de barcos no cesará. Sé que los judíos que intentan inmigrar a Palestina y los que les ayudan se enfrentan ahora con terribles dificultades, se enfrentan con todas las fuerzas del Imperio Británico concentradas en un solo objetivo: atacar a estos rechinantes barcos cargados de sufrimiento humano. Creo, no obstante, que sólo puede haber una réplica eficaz: el flujo ininterrumpido de buques «ilegales». No tengo la menor duda sobre cuál es la postura de los judíos que se encuentran en los campos; están dispuestos a correr cuantos peligros sean necesarios para salir de ellos. Los supervivientes judíos de muchos países europeos no pueden permanecer donde están.*

Si nosotros, en Palestina, juntamente con los judíos americanos, sudafricanos y británicos, no nos dejamos intimidar, los barcos seguirán llegando. Con muchas dificultades, más que en el pasado, pero llegarán. Ni por un momento dejo en el olvido lo que estos buques habrán de afrontar en los días venideros... Como somos inasequibles a la desesperación, deseamos en este momento dirigir una vez más nuestro llamamiento al mundo, a las naciones, a todas las que tanto sufrieron durante la guerra, a aquellas en muchos de cuyos frentes lucharon combatientes judíos por su liberación. A esas naciones dirigimos este llamamiento de urgencia. ¿Es posible que no se alce una voz, que no se le diga al gobierno británico: «Apartad el látigo y el rifle de las cabezas de los judíos del Éxodus?» Y a Gran Bretaña, con su poderosa Armada y sus numerosos aviones y cañones, hay que decirle igualmente que este pueblo no es tan débil, y que su fuerza sabrá ser utilizada.

Pero nada consiguió impedir el regreso del barco a Alemania. No obstante, la advertencia de Golda Meyerson, que no se caracterizaba por lanzar proclamas al estilo de los grupos más extremistas ni por amenazar a nadie, causó impresión. Encerraba la advertencia, una vez más, de que los judíos no iban a arrugarse nunca, no iban a dejar de luchar nunca, por fuerte que fuera el látigo inglés y por grandes que fueran las penalidades que tuvieran que arrostrar. Los judíos, poco a poco y pese a que muchos de sus líderes estaban entre rejas, iban reforzándose con ayudas procedentes del exterior, iban asentando sus raíces y su tejido social en la ensangrentada Palestina, y esa situación había alcanzado hacía ya mucho el punto de no retorno.

Aunque el caso del *Exodus 1947* fue una demostración de fuerza por parte inglesa, no sirvió más que para que el mundo se fijase con más detenimiento en lo que estaba ocurriendo en Palestina. Y lo que estaba ocurriendo era que judíos y árabes libraban una guerra abierta sin más eufemismos. La carretera entre Tel-Aviv y Jerusalén, imprescindible para los judíos, sufría un constante asedio por parte de bandas árabes que atacaban desde las colinas a todos los vehículos judíos tratando de cortar definitivamente esta vía y dejar completamente aislados a los habitantes de Jerusalén. El 31 de agosto de aquel insufrible año de 1947, un minuto antes de que se cumpliese el plazo que se les había dado, los once delgados de la UNSCOP, reunidos en Ginebra, dieron a conocer su informe sobre la situación en Palestina. Ocho de aquellos hombres, como ya antes lo había hecho la *Comisión Peel*, recomendaban que el país fuera dividido en dos Estados, uno árabe y otro judío, con un enclave internacional que comprendería Jerusalén y sus alrededores, que no pasarían a ser «propiedad» de ninguno de los dos nuevos Estados, sino un lugar independiente que ambos deberían compartir, al ser una ciudad santa e irrenunciable tanto para unos como para otros. Los otros tres miembros de la comisión, los representantes de la India, Irán y Yugoslavia, proponían la creación de un Estado federal árabe-judío. Casualmente en estos tres países, como es bien sabido, existen numerosas comunidades musulmanas, y su influencia en esta decisión era evidente.

Ahora era la Asamblea General de las Naciones Unidas la que había de tomar alguna determinación, mientras recibían la respuesta de las partes implicadas a esta propuesta de su comisión. Como en la ocasión anterior, los judíos aceptaban la creación de los dos Estados como mal menor, y se sometían a lo que la Asamblea de las Naciones Unidas decidiese, pero, eso sí, exigiendo el inmediato final del mandato inglés en la zona. Y, también como en la ocasión anterior, los árabes se negaban absolutamente a aceptar ninguna recomendación ni arreglo que no fuera el de convertir Palestina en un Estado árabe exclusivamente. Los ingleses siguieron decantándose por la política proárabe, negándose a aceptar ninguna partición del territorio si no era aprobada por árabes y judíos —algo absolutamente imposible, dada la negativa árabe— mientras que Estados Unidos y la Unión Soviética se decantaron en favor de la recomendación de la mayoría, es decir, la creación de dos Estados independientes.

Pero las buenas intenciones de la UNSCOP se estrellaron contra el mismo muro con el que se habían estrellado otras propuestas anteriores. Por una parte, la negativa absoluta de los árabes, y por otra, que tampoco los judíos consideraban aceptable un Estado de Israel sin Jerusalén, y querían que esa cláusula de mantenerlo como territo-

Golda Meir fue ministra de Trabajo y Asuntos Sociales, ministra de Asuntos Exteriores y presidenta del Gobierno.

rio internacional fuera suprimida. Los judíos querían Jerusalén dentro de Israel, como los árabes querían a los judíos fuera de Palestina. Así que, en septiembre de 1947, podría decirse que no se había avanzado nada. Y en noviembre, cuando la votación de la Asamblea General debería poner fin al largo conflicto y establecer las bases de un futuro consensuado, el mundo se decantó de una forma muy clara.

XIX. LA CREACIÓN DEL ESTADO DE ISRAEL

El día 29, en Nueva York, se celebró aquella votación que dio como resultado que treinta y tres países, entre los que estaban los dos grandes, Estados Unidos y la Unión Soviética, eran favorables a la partición. Otros trece, que incluían a todos los Estados árabes, se oponían a la creación de los dos países, y diez, entre los que se alienaba Gran Bretaña, se abstenían de tomar decisión alguna. Por una gran mayoría de 33 contra 13, el Estado de Israel tenía el visto bueno del mundo para ver por fin la luz, para nacer, después de aquella milenaria diáspora a la que todo un pueblo había estado sometido sin apenas esperanza de supervivencia.

La alegría en la Palestina judía era sencillamente indescriptible. En las calles, por primera vez en mucho tiempo, soldados británicos bailaban de la mano de judíos exultantes que reventaban de euforia. También muchos árabes de Jerusalén, de los que convivían diariamente con los judíos en la ciudad, se mostraban felices con aquel arreglo y se habían unido a la fiesta. Tras haber escuchado los resultados de la votación, Golda se dirigió inmediatamente, a través de aquellas desconocidas calles de un Jerusalén momentáneamente en paz, hacia el edificio del la Agencia Judía. No podía compartir aquella enorme alegría porque sabía que los árabes habían rechazado los resultados de la votación, y no sólo no hablaban de paz sino que su única meta era la guerra total a partir de ese momento. Aunque ahora los judíos tenían la legalidad internacional de su parte, lo que les permitiría reforzarse enormemente y poder defenderse de las agresiones árabes, las perspectivas que se vislumbraban para el futuro inmediato no eran muy optimistas. No obstante, Golda fue a su despacho, sola, a analizar los siguientes pasos que deberían darse para afrontar lo que se venía encima. Cuando la vieron llegar, la multitud que se estaba formando frente al edifico de la Agencia Judía le pidió a gritos que hablara, que les expresara su opinión, y ella consideró que sería bueno decirles unas cuantas cosas aunque sin derroches de triunfalismo. Desde la ventana de su propio despacho, Golda Meyerson habló primero a los muchos árabes que se amontonaban frente al edificio, dirigiéndoles un mensaje conciliador:

—*Habéis librado vuestra batalla contra nosotros en las Naciones Unidas, y ahora la mayoría de los países del mundo se han pronunciado. El plan de partición es un compromiso; ni lo queríais vosotros ni lo queríamos nosotros, pero ahora nos permitirá vivir juntos en paz y amistad, cediendo cada uno un poco.*

Evidentemente aquello no eran más que palabras, y Golda lo sabía muy bien, como sabía que a partir de ese mismo momento iban a empezar los problemas. Y así fue, porque a la mañana siguiente en toda Palestina se estaban produciendo disturbios organizados por los árabes. Siete judíos murieron en la primera de las muchas emboscadas que a partir de ese momento empezaron a sufrir los autobuses y transportes públicos, y dos días después una multitud incendiaba un centro comercial en Jerusalén ante la total pasividad de los soldados británicos, que contemplaban la escena como si de un espectáculo se tratase. Sólo si la *Haganah* trataba de pasar a la acción intervenían los ingleses, en una nueva demostración de que su política proárabe seguía siendo la misma, independientemente de su votación en las Naciones Unidas.

Estaba claro que al nuevo Estado de Israel que pronto se formaría —porque era evidente que el mundo le había dado su visto bueno y los judíos no iban a desaprovechar semejante oportunidad—, se le presentaba ante sí una situación cargada de problemas de mucha mayor envergadura que los que los judíos de Palestina habían tenido que afrontar hasta entonces. Porque hasta entonces la «guerra» con los árabes se había limitado a escaramuzas a pequeña escala, actos terroristas y enfrentamientos más o menos serios, pero a un nivel «doméstico». A partir de ahora el nuevo Estado tendría que enfrentarse a países y a ejércitos organizados, en una batalla infinitamente más grande y peligrosa que las libradas en el pasado. Era el momento de empezar a pensar en la protección del nuevo Estado, en las alianzas que serían imprescindibles, en la seguridad de Israel, en suma.

XX. EL NUEVO ISRAEL SE PREPARA PARA DEFENDERSE

El nuevo Estado, además de otras muchas cosas, necesitaba inmediatamente un ejército, y para formar aquel ejército eran imprescindibles grandes cantidades de dinero, muchos millones de dólares que sólo un grupo de personas en todo el mundo podía estar dispuesto a arriesgar en aquella empresa: los millonarios judíos norteamericanos, además de algún otro millonario judío que pudiera vivir en cualquier otro país... Porque el hecho de que Israel ya no fuese una quimera, un simple proyecto, sino una realidad, variaba mucho las cosas, ahora ya no era tan imposible ni tan difícil conseguir ayuda como lo había sido en el pasado. No obstante, tampoco iba a ser fácil en absoluto.

En diciembre de 1947 y enero de 1948 las distintas estrategias que sería preciso seguir en diferentes terrenos a partir de ese momento fueron elaboradas y analizadas hasta el mínimo detalle por quienes pronto serían llamados «Los padres del nuevo Estado de Israel». Con Ben-Gurión a la cabeza, líder indiscutible del pueblo judío desde hacía ya mucho tiempo, todos aquellos políticos, científicos, economistas y sabios en general que habían llegado de todos los puntos del globo y que durante años se habían dejado la piel tratando de realizar aquel sueño, aportaron su ayuda y sus consejos en la interminable sucesión de reuniones de alto nivel que se celebraron a lo largo de aquellos dos trascendentales meses. Una de las misiones más importantes que había que preparar y cumplir era la de viajar a Estados Unidos y entrevistarse con todos los millonarios judíos interesados en colaborar en la creación del Estado, explicándoles al detalle el momento real de la situación, las posibilidades para el futuro y las necesidades que habría que cubrir de inmediato, así como las que serían imprescindibles a más largo plazo, como por ejemplo los enormes créditos que harían falta para proveer de armas a un ejército capaz de defenderse, él solo, de un buen número de países árabes absolutamente hostiles y dispuestos a echar al mar a todos los judíos.

Aquella misión, la de explicar la realidad a los más poderosos miembros de su raza y convencerles para que colaborasen en el proyecto común, parecía en principio que sólo podría ser responsabilidad de Ben-Gurión, el más respetado e influyente, pero también era evidente que el máximo líder del pueblo judío no podía abandonar Palestina en aquellos momentos ni un solo día. Golda pensó en presentarse voluntaria para aquel arduo trabajo, pues era una de las personas dentro de la ejecutiva de la *Haganah* que mejor conocía el tema y la forma de desarrollarlo; ya había realizado varias giras por América en busca de fondos y dado a conocer la situación de Palestina en innumerables conferencias y foros de debate, aunque esta vez el nivel de sus interlocutores iba a ser muy diferente... mucho más alto. Pero aunque eso no le preocupaba y se sentía perfectamente capacitada, cuando se ofreció para la misión fue el propio Ben-Gurión quien se negó tajantemente a permitir su marcha, pues la necesitaba a su lado. En principio pensó en ir él mismo, pero luego comprendió que, efectivamente, no podía dejar Palestina en ese momento. Golda propuso que el asunto se sometiera a votación, Ben-Gurión aceptó y Golda Meyerson fue designada para encargarse de la misión. Pero Ben-Gurión puso una condición sorprendente aunque innegociable: *Ha de ser inmediatamente. No se te ocurra siquiera pensar en volver a Jerusalén. Has de salir ahora mismo, desde aquí mismo, y nadie debe enterarse de tu marcha.* Tenía sus razones, pues a partir de aquel momento cualquier líder judío estaba bajo la mayor amenaza terrorista que el mundo hubiera conocido, y si además se trataba de alguien como Golda Meyerson, que iba nada menos que en busca de dinero para montar un país y un ejército capaz de enfrentarse a los árabes, no había palabras para describir la intensidad del peligro que se cernía sobre ella. Por ello, esa misma tarde Golda tomó un avión hacia Estados Unidos, sin equipaje, llevando sólo la ropa con la que había salido de casa aquella mañana y con el propósito de comprarse un cepillo de dientes al llegar. Esa era la forma en que iba a encontrase con varios de los hombres más ricos y poderosos del mundo.

El nuevo *tour americano* de Golda Meyerson tenía dos partes bien diferenciadas: por un lado, iba a dar conferencias y a asistir a reuniones, como en las ocasiones anteriores, ante las distintas organizaciones judías en América, pero además esta vez tenía previstas reuniones privadas, a un nivel mucho más alto, con diferentes banqueros, políticos y hombres de negocios, todos ellos multimillonarios y todos ellos judíos orgullosos de serlo. Lo primero que hizo fue presentarse en Chicago, el 21 de enero, en la Asamblea General del Consejo de Federaciones Judías y Fondos de Asistencia, organizaciones no sionistas que no tenían previsto aquel día tocar el tema de Palestina, pero accedieron a escuchar a la enviada especial. El interés de Golda en hablar con ellos se debía sobre todo a que, en realidad, los allí reunidos eran recaudadores profesionales, los hombres que organizaban y controlaban la recaudación de fondos en los Estados Unidos, y podrían serle de extraordinaria utilidad ante la enorme tarea que tenía ante sí. Golda les explicó la situación en Palestina, les habló con sinceridad y les dijo que necesitaba su ayuda. No sólo se trataba, les explicó, de salvar a 700.000 judíos tras la muerte de más de seis millones en los últimos años, sino de salvar a un pueblo que por fin podía ser independiente si esos 700.000 judíos de Palestina salían adelante y conseguían finalmente dar forma al país por el que tanto habían luchado durante tantos años. Todos los judíos de Palestina estaban dispuestos a seguir luchando, con la legalidad internacional de su parte, pero no podían hacerlo sin medios, y si las cosas no empezaban a arreglarse pronto, acabarían siendo barridos por un enemigo mucho más fuerte y numeroso, que ya contaba con los medios para esa lucha que se avecinaba. Haría falta, les explicó Golda, que en un plazo brevísimo, dos o tres semanas, hubiera conseguido reunir al menos treinta millones de dólares, pues en los países árabes ya estaban proveyendo los fondos para costear las operaciones destinadas a aplastar a los judíos.

Golda Meyerson hizo uso de toda su capacidad de convicción y de toda las claridad con que era capaz de expresarse. No se arrastró ni lloriqueó, no recurrió al victimismo ni trató de pintar a sus compatriotas de Palestina como mártires, sino que expuso la situación con dureza e inteligencia, sin omitir las dificultades pero sin exagerar el sentimentalismo. Terminó diciendo que, ocurriera lo que ocurriese, consiguieran o no la ayuda que solicitaban, los judíos de Palestina no se rendirían en ningún caso y lucharían hasta el final.

El discurso de Golda causó un efecto muy superior al que ella misma hubiera esperado en un momento álgido de optimismo. Un discurso que se repitió durante seis semanas en distintas partes del país y ante grupos muy diferentes de judíos de distintas tendencias políticas, todos los cuales, sin embargo, se avinieron a escuchar a la emisaria de Palestina. Todos se mostraron dispuestos a ayudar dentro de sus posibilidades, y de hecho lo hicieron, y de forma importante y rotunda. No sólo se recaudó dinero en efectivo, sino que varios grupos llegaron a concertar créditos con bancos; muchos de aquellos bancos eran propiedad de millonarios judíos, que encontraron en ese sistema de créditos simulados —pues prácticamente todos eran a fondo perdido— una forma de poder enviar dinero a Palestina sin perjudicar sus negocios, ya que también había importantes grupos proárabes luchando y presionando para que Golda no obtuviese el dinero que necesitaba para su país. Pero lo obtuvo, y en mayor cantidad de la que se propuso. Cuando regresó a Palestina dos meses más tarde, cincuenta millones de dólares viajaban con ella para ser destinados inmediatamente por la *Haganah* a la compra de armas en Europa. Golda recibió el agradecimiento y los parabienes de todos sus colegas y correligionarios, y Ben-Gurión le brindó su propio homenaje con una contundente y profética frase:

-*Algún día, cuando se escriba la Historia, se dirá que hubo una mujer judía que obtuvo el dinero que hizo posible el Estado.*

Aquel mismo año de 1948 Golda hizo varios viajes más, intensas e importantes visitas cuya importancia aumentó en los seis meses que precedieron a la fundación definitiva del nuevo Estado. No se trataba entonces de obtener dinero pero sí de establecer importantes alianzas, de alcanzar acuerdos políticos que serían decisivos en los años venideros para superar el difícil futuro que se avecinaba. Visitó por dos veces al rey Abdullah de Transjordania, abuelo del rey Hussein de Jordania, estableciendo una alianza que prometía ser sólida y duradera. Pero aquellas visitas, según distintas versiones, fueron la causa de la muerte de Abdullah a manos de unos sicarios árabes, probablemente a las órdenes del *muftí*, quienes lo asesinaron en 1951 en Jerusalén. Mediante aquellos acuerdos Golda consiguió el compromiso de que Abdullah y su Legión Árabe, fuerza instruida por los ingleses para su antigua lucha contra los judíos y que a la sazón era el mejor ejército de la zona, nunca participarían en un ataque árabe contra Israel, pues el rey deseaba que entre ambos países se mantuviera una paz firme y duradera, por encima de la opinión de otros países árabes abiertamente hostiles a los judíos, política que a Abdullah le parecía peligrosa y arriesgada.

Había dudas, sin embargo, sobre si Abdullah podría mantener su postura frente al resto del mundo árabe, y surgían constantes rumores de que también Jordania iba a ingresar en la Liga Árabe, rompiendo su pacto con los judíos. Cuando Golda le preguntó si era cierto, el rey se mostró muy ofendido ante sus dudas, y le recordó tres cosas: primero, que él era un beduino, y por tanto un hombre de honor; segundo que era un rey, y que por tanto era un hombre doblemente honorable; y tercero, que nunca quebrantaría una promesa hecha a una mujer. No obstante, pese a todas aquellas seguridades los judíos no estaban completamente convencidos de que tales promesas pudieran plasmarse en hechos. En mayo tuvieron noticias de que Abdullah estaba en conversaciones con la Liga Árabe, que lo presionaba sin cesar, y se analizó con detenimiento si sería adecuado o no pedirle otra entrevista para disuadirle de unirse a sus enemigos.

XXI. VIENTOS DE GUERRA

La angustia que en aquellos días reinaba en Israel tenía un fundamento tan sólido como grande era la necesidad de que Abdullah cumpliese la palabra dada a Golda Meyerson sobre cuál sería su actitud futura. Había que intentar que, al menos, el rey jordano garantizase a los judíos hasta qué punto estaba dispuesto a permanecer al margen en caso de un futuro conflicto entre los judíos y otros países árabes, pues su simple neutralidad y la inactividad de su Legión Árabe harían casi imposible a los iraquíes atravesar Jordania para entrar en Palestina y unirse a la lucha contra los judíos.

Solicitaron una nueva entrevista con él en Naharayim, donde se habían celebrado las anteriores, pero Abdullah adujo que era demasiado arriesgado, que sus enemigos habían aumentado considerablemente a causa de su postura en ese asunto y que más valía evitar el peligro de un nuevo encuentro, diciéndoles que si querían verle debería ser en Ammán. Golda era la enviada, quien solicitaba la entrevista y por tanto quien debería correr el riesgo en esa ocasión, cosa que le pareció lógica, por lo que se apresuró a preparar uno de los viajes más peligrosos de su vida. Peligroso era, de entrada, llegar a Tel-Aviv desde Jerusalén, cosa que hizo el 10 de mayo, en una vieja avioneta y en medio de una tormenta, pues por carretera hubiera sido impensable. Había mucha prisa y no cabían retrasos ni demoras, pues cuatro días más tarde iba a ser oficialmente proclamado el Estado de Israel y había que hablar con el rey jordano antes de que fuese un hecho. Al día siguiente fue a Haifa en coche para reunirse con Ezra Danin, experto en asuntos árabes, que iba a acompañarla a la reunión. Disfrazados de árabes, y con Golda en el papel de esposa de Danin, hicieron el peligroso viaje hasta Ammán cambiando varias veces de coche para evitar que les siguieran, y acompañados desde Naharayim por uno de los hombres de máxima confianza de Adbullah, lo que les dio cierta tranquilidad. En Ammán, el beduino los llevó a su casa, donde el rey se reunió con ellos en secreto.

La conversación fue tensa y esclarecedora. Golda le preguntó abiertamente si al final había tenido que romper su promesa pese a todas las seguridades dadas, y éste le respondió que cuando la hizo creía tener controlado su propio destino y poder hacer lo que creía justo, pero que en ese momento ya no era sino uno más entre los cinco aliados árabes: Egipto, Siria, Líbano, Iraq y Jordania, y que no tenía forma de evitar aquella situación sin poner en peligro la seguridad de su propio país. Pero aseguró que la guerra podía evitarse, y que contarían con él para conseguirlo. Les pidió que no tuvieran prisa en proclamar el Estado de Israel, asegurándoles que en unos años el riesgo sería mucho menor, pero para Golda la paciencia ya se había acabado. Se limitó a asegurar al rey jordano que si Israel se veía forzado a entrar en una guerra, lucharía con todas sus fuerzas y hasta el final, que no retrasarían un sólo día más el nacimiento de su nación y que dos mil años de espera ya habían sido suficientes. Golda terminó diciéndole al rey jordano que si no podía ofrecerles más que eso, *habrá una guerra, y esa guerra la ganaremos nosotros. Pero quizá volvamos a reunirnos después de esa guerra y cuando ya exista un Estado Judío.*

El viaje de vuelta fue lóbrego. Golda y Ezra iban sumidos en sus negros pensamientos hasta que el chofer que debía conducirlos hasta Naharayim, asustado ante los constantes controles los dejó tirados en las cercanías de la central eléctrica a las dos de la madrugada. Finalmente fueron encontrados por un miembro de la *Haganah* que los esperaba y que los puso en el camino de vuelta. Una vuelta nada alegre, ya que las noticias que llevaban no eran precisamente esperanzadoras. Pero había que afrontar la realidad.

A la mañana siguiente ya estaban en Tel-Aviv, donde comenzó una interminable serie de reuniones. La guerra parecía inminente y la propuesta de Abdullah no podía ser más anodina, por eso nadie echó en cara a Golda su contundente respuesta al rey jordano, ni a nadie se le ocurrió responsabilizarla de nada, cosa que sí haría Abdullah después de la guerra, al decir *que aquella guerra estalló porque la señora Meyerson fue demasiado orgullosa para aceptar mi propuesta...* Pero cuando Golda se sentó ante sus compañeros, la situación no se veía precisamente así. Ella les informó de que habría guerra, que en su viaje de vuelta habían visto concentraciones de tropas iraquíes y preparativos que no dejaban lugar a muchas dudas. Ahora se trataba de tomar la decisión clave: proclamar el Estado de Israel dos días más tarde o seguir esperando. Todos los ojos estaban fijos en Ben-Gurión, en quien los distintos grupos políticos, sindicales y sociales depositaban toda su confianza para, que fuera él quien tomara la decisión definitiva. Entonces él llamó a dos hombres cuyas opiniones también serían claves: Yigael Yadin, jefe de operaciones de la *Haganah*, y Yisrael Galili, su comandante en jefe. Lo que ambos opinaban sobre lo que iba a suceder en caso de que estallase la guerra y sobre lo que debía hacerse era muy similar: los ingleses se marcharían y los árabes invadirían Palestina. Si los judíos no luchaban, se acabó Israel. Si lo hacían, tendrían un cincuenta por ciento de probabilidades de ganar. Y con estas premisas se tomó la decisión definitiva. Sería el viernes, 14 de mayo de 1948, cuando el Estado de Israel naciera por fin. Eran 650.000 judíos que deberían enfrentarse a cinco ejércitos árabes del exterior y a un millón de árabes que ya estaban dentro, en Palestina. Las perspectivas no eran muy alentadoras, pero una vez más no se oyó a nadie sugerir la posibilidad de dar un paso atrás.

XXII. EL NACIMIENTO DE UNA NACIÓN

Con todo ya decidido en Tel-Aviv, Golda debía regresar a Jerusalén y esperar allí instrucciones, aunque ella por nada del mundo quería perderse la ceremonia de proclamación, cuya hora y lugar permanecían en secreto excepto para las poco más de doscientas personas que estarían presentes. Suplicó a Ben-Gurión que la incluyera, pero éste no cedió y Golda tuvo que regresar en la vieja avioneta en la que había emprendido aquel viaje unos días antes. El piloto recibió la orden de llevarla y regresar de inmediato con Yitzhak Gruenbaum, quien iba a ser nombrado ministro del Interior en el primer gobierno provisional de Israel. Pero tras unos minutos de vuelo, el motor de la avioneta empezó a fallar y tuvieron que volver, con el grave peligro de verse obligados a aterrizar en cualquier pueblo árabe; hubo suerte, y el motor estropeado aguantó hasta Tel-Aviv. Aquel incidente que estuvo a punto de costarle la vida se convirtió sin embargo en el golpe de suerte que permitió a Golda asistir, al día siguiente, al nacimiento oficial del Estado de Israel. Aunque Ben-Gurión tenía sus razones, hubiera sido una actitud miserable por su parte privar a Golda Meyerson de aquel honor, pues sin duda era una de las personas que más lo merecían, y de paso la única «Madre» entre todos aquellos «Padres» del nuevo Estado, aquella nueva Nación que nacía tras muchos años de lucha y sacrificios, a base de sudor, sangre, lágrimas y sacrificios sin límite pero con la gigantesca ayuda que suponía una inagotable carga de fe, de voluntad y de decisión de todo un pueblo resuelto a tener por fin su Tierra Prometida tras dos mil años de diáspora. Sólo la destrucción total de aquellos judíos de Palestina podía haber detenido el final de la gran carrera.

Al día siguiente, aquel tan esperado 14 de mayo de 1948, el Consejo Nacional celebró una reunión en la que se decidió oficialmente el nombre del Estado y se dio forma final a la declaración de su nacimiento e independencia. Hubo problemas, ya que algunos grupos se negaban a incluir en la proclamación referencias a Dios, exigiendo evitar cualquier tipo de clericalismo en ese texto. Parecía absurdo dedicar horas a discutir tales extremos cuando lo que estaba pasando era que surgía un nuevo Estado que, de paso, corría un inminente peligro de ser destruido nada más nacer, y era mucho más importante protegerlo que dedicar las primeras horas de su existencia a discutir cuestiones secundarias, que en todo caso podrían revisarse más adelante. Evidentemente eran importantes aquellas palabras de la proclamación, pero también era evidente que se había producido una grave imprevisión al no haber supuesto con tiempo que algo así podría ocurrir...

La firma del pergamino con la proclamación se celebraría por la tarde. Las referencias religiosas se omitieron y se alcanzó un acuerdo conjunto que permitió no retrasar más el acto, que se organizó en el Museo Tel-Aviv, un edificio escasamente lujoso y nada grandioso para la ocasión, pero lo bastante pequeño como para que pudiera ser bien protegido, detalle en aquel momento mucho más importante que ningún otro. Tras una mesa presidencial, en la que se sentaron los trece miembros del primer Gobierno Provisional, se podía ver un gran retrato de Theodor Herzl, y el resto de los poco más de doscientos participantes en el acto se colocaron en sillas mirando hacia la mesa. Aunque en teoría nadie sabía que iba a celebrarse allí, en la calle había una gran multitud entusiasmada.

A las cuatro de la tarde, con el gobierno y los invitados ya instalados, Ben-Gurión se puso en pie y dio un golpe sobre la mesa con un macillo, lo que no era sino una señal para que la Orquesta Filarmónica de Palestina, preparada en la galería superior, acometiera la interpretación del *Hatikvah*, que debía de ser la apertura más entrañable para tan señalada ocasión, pero por alguna razón, la orquesta no sonó. Todos se pusieron en pie y cantaron el himno nacional sin más preámbulos ni retrasos. Luego, Ben-Gurión procedió a leer el pergamino que contenía la Declaración de Independencia. Golda recordaría muchos años más tarde en sus memorias el enorme efecto que le causó aquella lectura pausada y firme, especialmente cuando llegó al undécimo párrafo, el que contenía las frases claves de la Proclamación:

Por consiguiente nosotros, los miembros del Consejo Nacional, en representación del pueblo judío en la Tierra de Israel y del movi-

miento sionista, nos hemos reunido el día de la terminación del Mandato Británico para Palestina y, en virtud de nuestro derecho histórico y natural y de la resolución de la Asamblea General de las Naciones Unidas, proclamamos en este acto el establecimiento de un Estado judío en la Tierra de Israel, el Estado de Israel.

Inmediatamente después, todos los asistentes, requeridos por orden alfabético, firmaron la proclamación. Ben-Gurión leyó los primeros decretos del nuevo gobierno, entre los que estaba la inmediata derogación del «Libro Blanco». Golda lloró durante toda la ceremonia pensando en todos aquellos que deberían haber estado allí y no estaban; unos porque habían muerto, otros porque estaban en otros países, pero eran muchos los que habían luchado hasta la extenuación porque aquel momento llegara y ahora no podían presenciar su gran victoria. No importaba lo que pasase desde ese instante, no importaban los peligros y penurias que hubiese que arrostrar en el futuro, porque Israel ya existía y sería Israel quien daría fuerza a sus hijos para afrontar aquella lucha. La ceremonia concluyó después de que la orquesta, por fin preparada, interpretase el *Hatikvah* tal como estaba previsto, y de que Ben-Gurión pronunciase una frase definitiva: *Queda constituido el Estado de Israel. La sesión ha terminado.*

Todo era alegría, pero también incertidumbre. Ya tenían un país, pero también tenían una espada de Damocles sobre sus cabezas. Esa noche, a las doce, terminaba el Mandato Británico para Palestina y los soldados ingleses se marcharían a toda prisa. Los judíos se quedaban solos ante un mundo árabe iracundo y unido contra ellos, dispuesto a arrojarlos al mar a toda costa. El peligro de que los ejércitos de varios países árabes invadieran Palestina era algo más que una posibilidad. Pero ya no había marcha atrás.

XXIII. LA GUERRA DE LA INDEPENDENCIA

Aunque estaba absolutamente previsto y todo el mundo lo esperaba, lo cierto es que se produjo de una forma demasiado fulminante. Al día siguiente de la proclamación, los primeros aviones enemigos, cuatro *Spitfires* egipcios, llegaron para bombardear la central eléctrica y el aeropuerto de Tel-Aviv, lo que suponía la declaración formal de guerra y la primera acción hostil árabe. Simultáneamente, empezaban a llegar al puerto los primeros barcos cargados de emigrantes judíos que ya podían ser llamados «legales», libres ya de todas las trabas que los ingleses imponían. Y con la guerra llegó también la primera buena noticia, de hecho, mucho más que una gran noticia: el presidente Harry Truman acababa de reconocer al Estado de Israel. Para Golda, la más «americana» de los padres de la nueva patria, fue mucho más que una buena noticia. Fue una de las mayores alegrías de su vida.

Al rapidísimo reconocimiento norteamericano siguió un igualmente rápido reconocimiento soviético, cuyas razones no eran ni parecidas a las que tenían los Estados Unidos; los soviéticos veían aquí una excelente forma de sacar a los británicos de Oriente Medio, aunque también era posible que entre las razones que pudieran tener estuviera una mucho más humanitaria: la de reconocer lo que los nazis habían hecho con los judíos, y ellos también habían sufrido intensamente a los nazis. De hecho, los judíos tenían ahora armas que habían podido comprar, con dinero americano, en Checoslovaquia, y habían podido igualmente transportarlas a través de los Balcanes, con permiso de los soviéticos, hasta aquella Palestina explosiva. No podían ser compradas en América ni en ningún país aliado porque se había establecido el embargo de armas para Oriente Medio, y sólo el mercado de Europa Oriental estaba abierto para los judíos. Sin aquellas armas, Israel no hubiera llegado a nacer o, al menos, a vivir más de un par de semanas. Poco más tarde la Unión Soviética se transformaría en un mortal enemigo de Israel, pero en aquel momento había resultado clave para su nacimiento.

La guerra se extendió con toda la rapidez que a los árabes les fue posible. Ese primer día de la independencia Israel era atacado por los ejércitos de Siria y Líbano en el Norte y el Nordeste, Jordania e Iraq en el Este y Egipto en el Sur. Era lo esperado, un ataque masivo que pretendía acabar cuanto antes, sin dejar reaccionar al mundo y cortando cualquier posibilidad de reforzamiento del enemigo judío. Todos ellos luchaban por intereses propios, y de ninguna manera para ayudar a los árabes de Palestina; Líbano y Siria pretendían repartirse Galilea e Iraq quería conseguir una salida hacia el mar a través de Jordania, que a su vez pretendía quedarse con toda Palestina. Solamente los egipcios parecían no tener ambiciones anexionistas, pero tampoco ellos carecían de un motivo poderoso: su meta era destruir completamente cuanto los judíos hubieran hecho en Palestina y saquear lo que quedara. Su única razón era el temor a lo que los judíos pudieran introducir en Oriente Medio, a unas nuevas formas mucho más civilizadas y avanzadas que las que los árabes estaban acostumbrados a utilizar; el peligro de la existencia en la zona de una auténtica democracia era grande, pues muchos millones de árabes acostumbrados a no ser más que súbditos al servicio de unos cuantos sátrapas podían darse cuenta de que existían otras posibilidades de mejorar sus vidas... Era el miedo a la creación de un Estado moderno en medio de una serie de pueblos medievales lo que movía a los árabes a querer acabar con Israel a toda costa. Y de hecho, y aunque varios países han evolucionado y mejorado de forma palpable, aún en el día de hoy muchos países árabes siguen aborreciendo la proximidad de Israel por cuanto significa de peligroso para sus costumbres medievales.

Lo que se había previsto, en suma, era la eliminación absoluta de los judíos y de su nuevo Estado de Israel, aunque lo hubieran reconocido las dos grandes potencias y el resto del mundo estuviera haciéndolo en ese mismo instante. Para los árabes aquella guerra acabaría en una semana o poco más, pero aunque parecía que contaban con todas las ventajas y su superioridad en hombres y armas era abrumadora, la cosa no iba a resultarles tan sencilla.

Los judíos, una vez creado su Estado y asumido ya mucho tiempo atrás que habrían de defenderlo hasta el límite de sus posibilidades, afrontaron aquella guerra sin fijarse en su abrumadora inferioridad.

El día que estalló aquella guerra no contaban aún con cañones ni tanques, sólo tenían nueve aviones y unos cuantos fusiles y ametralladoras. Con eso tendrían que hacer frente a los árabes hasta que llegase y se instalase la maquinaria para fabricar armas, que ya había sido comprada pero que no pudo ser llevada a Israel hasta que se fueran los ingleses. Había que aguantar y aguantaron. El hecho de saber que no podían perder porque si eso ocurría simplemente desaparecerían, fue una ayuda, por cruel que suene al decirlo. El hecho de tener una única alternativa, la vida o la muerte, resultó determinante. Israel ganó aquella guerra de su independencia de una manera increíble, sin medios ni apenas armas, sólo a base de valor y fe.

Los países árabes contendientes, tan seguros de su victoria y de sus ejércitos que se presentaban como bien organizados y bien amados, pudieron comprobar que su eficiencia dejaba no ya mucho, sino todo lo imaginable, que desear. Eran todo tramoya, sin preparación, con armas que apenas sabían utilizar y soldados maestros en el escaqueo y el absentismo laboral. Casi un millón y medio de soldados árabes bien armados, con cañones, tanques y aviones, contra poco más de cien mil judíos (incluyendo mujeres y adolescentes) armados sólo con algunos fusiles y metralletas, ocho aviones y una avioneta *Piper,* libraron una batalla que duró nueve meses y costó miles de vidas, pero que no resolvió absolutamente nada. Ni los árabes consiguieron uno sólo de sus objetivos, ni los israelitas lograron que sus enemigos accedieran, cuanto menos, a discutir las condiciones para una futura convivencia pacífica.

El 24 de febrero de 1949 se firmaría el primer acuerdo de armisticio entre Israel y Egipto.

XXIV. LUCHANDO POR ISRAEL... DESDE AMÉRICA

Pero Golda Meyerson no vivió los primeros días de aquella guerra en Israel, como le habría gustado hacer, sino en los Estados Unidos, donde su presencia, según decidió Ben-Gurión, podía resultar mucho más útil y beneficiosa para el país. Lo que los judíos palestinos habían conseguido al fin, crear el Estado de Israel, había provocado un auténtico terremoto de entusiasmo entre los judíos americanos, que tanto se habían volcado en ayudarles. La señora Meyerson había sido la principal artífice del éxito de la campaña de concienciación y recaudación de fondos, y se había convertido para todo el mundo en una de las grandes personalidades del nuevo país, una de las autoras de su nacimiento y una de sus más importantes figuras para el futuro. Una nueva visita a Estados Unidos robustecería poderosamente todo lo ganado y estrecharía de forma muy importante los recientes nuevos lazos establecidos entre la comunidad judía norteamericana y el nuevo país, que de hecho ya era el de todos ellos. La propia Golda comprendió que Ben-Gurión tenía toda la razón al enviarla de nuevo a América, y aunque se marchó enormemente preocupada por su familia; el 16 de mayo, dos días después del nacimiento de su nación, estaba de nuevo camino de América.

La meta de esta nueva visita era recaudar otros cincuenta millones de dólares, que iban a hacer mucha falta durante los meses siguientes. La recepción que le hicieron en Estados Unidos fue impresionante, pues allí la consideraban como lo que en realidad era, una de las principales artífices de lo que se había conseguido. Hizo una nueva gira recibiendo un homenaje tras otro, pero los honores no eran lo que iba buscando, y su mensaje era que el nuevo Israel, metido de lleno en una terrible guerra contra cinco países árabes, no iba a sobrevivir con aplausos, discursos ni lágrimas de alegría, sino con dinero para comprar armas, y además ello habría de hacerse de inmediato, porque no había tiempo. Les explicó que, al igual que sin su ayuda meses atrás no se hubiera podido fundar Israel, sin su ayuda ahora no podría sobrevivir. Les pidió que todos los judíos, estuvieran donde estuvieran, empezaran a compartir la responsabilidad de defender ese país que ya era el suyo y en el que siempre tendrían las puertas abiertas; era esa Tierra Prometida buscada durante dos milenios, y ahora había que defenderla.

La respuesta, esta vez, fue aún más impresionante que durante su viaje anterior. La UJA recaudó 150 millones de dólares, de los que la mitad se destinaron a ayudar a los judíos en Europa y la otra mitad fueron a Israel. También en esta ocasión varios millonarios e importantes hombres de negocios se entrevistaron con Golda para participar «por su cuenta», fuera de las cuestaciones más o menos oficiales, en las aportaciones que fueran necesarias. En ese viaje conoció a Bill Rosenwald, Sam Rothberg, Lou Boyar y Harold Goldenber, entre otros muchos influyentes ciudadanos judíos norteamericanos que se dedicaron a organizar campañas filantrópicas de alto nivel y a la venta de unos bonos pro-Israel que dieron un excelente resultado.

El nuevo ministro de Asuntos Exteriores, Moshe Sharett, trabajaba contra reloj para poder cubrir las nuevas embajadas que se necesitaban con urgencia y, ante el estupor de Golda, mientras estaba en los Estados Unidos, le adelantó que pensaba en ella como embajadora en Moscú. No se lo tomó muy en serio, porque apenas hablaba dos palabras de ruso, pero a las tres semanas de gira americana recibió un telegrama que le confirmaba aquella decisión de Sharett.

A Golda no le hizo la menor gracia aquello, le pareció una injusticia y una falta total de respeto al trabajo que había realizado hasta ese momento. Tenía a toda su familia en Israel, quería luchar por su nuevo país y de pronto se veía relegada a una embajada en Moscú, sin hablar apenas ruso y sin el menor entusiasmo por el trabajo que habría de realizar. El país que había abandonado cuando tenía cinco años, del que sólo guardaba malos recuerdos, iba a ser ahora su nuevo hogar, lejos de todo lo que quería y de todo lo que le interesaba.

Así que Golda volvería a Israel tras poco más de un mes de gira con otro cargamento de dinero que le valdría una vez más todos los parabienes imaginables. Pero volvería indignada, pensando sólo en convencer a Ben-Gurión para que la liberara de aquella obligación que se le imponía. Pero su nombramiento ya era oficial, y con toda seguridad no habría marcha atrás. Así que cuando ya estaba preparando su regreso a Israel ya tenía asumido que debería aceptar el nuevo encargo. Pero sucedió algo que cambió las cosas. El último día, cuando iba a visitar a unos amigos en Brooklyn, su taxi se estrelló contra un coche y Golda fue hospitalizada con varias fracturas y varias semanas de inmovilidad por delante.

Sólo la buena noticia de que los árabes habían detenido su avance la ayudó a superar el trauma que estaba viviendo en aquel hospital. Le sobrevino una flebitis y se le formaron varios coágulos de sangre, con lo que su situación se agravó considerablemente; pero saber que el 11 de junio la guerra había dado un giro importante sirvió para ayudarla a superar su desesperación. Seguía el desarrollo de la guerra casi al minuto, y sabía que los egipcios habían fracasado en su intento de tomar Tel-Aviv y Jerusalén, aunque el barrio judío de la Ciudad Vieja sí había caído en manos de la Legión Árabe de Abdullah. Pero el furor inicial de los cinco ejércitos árabes había desaparecido, y como ya habían comprobado que no les iba a ser nada fácil ganar esa guerra, aceptaron un alto el fuego propuesto por Naciones Unidas, una tregua de casi un mes que permitiría a todos un descanso y una reorganización de sus líneas, además de la posibilidad de llegar a algún acuerdo pacífico, aunque ésto último los árabes no lo contemplaban.

Mientras esto ocurría, Golda seguía en Nueva York, en su cama del hospital, trabajando en su eterno papel de promotora de Israel y concediendo una entrevista tras otra, con lo que su habitación más bien parecía una laboriosa oficina política que un tranquilo cuarto de hospital. Y para colmo se enteró de que en Israel se rumoreaba que su enfermedad era fingida, que lo que ocurría en realidad era que no quería ir a Moscú y se las había arreglado para prolongar su hospitalización a costa del problema de su sangre. Esto la indignó aún más de lo que ya estaba, y decidió que, fuera cual fuese su estado de salud, se iría inmediatamente a Israel dijeran lo que dijeran los médicos; fue un error, porque consiguió que le dieran el alta sin estar recuperada y eso le iba a acarrear innumerables problemas en el futuro.

Así que regresó a Israel con una gran sensación de angustia y dispuesta a irse inmediatamente a Moscú. Había pasado suficiente tiempo desde su nombramiento como para que la evolución de los acontecimientos hiciera a Moshe Sharett dudar de su decisión inicial, pero los soviéticos seguían queriendo que fuera Golda la designada, y así lo daban a entender una y otra vez, sin insistir ni presionar pero dejando claro que, por alguna razón, era su candidata preferida. Esto fue lo que hizo que Golda recapacitara y empezara a asimilar que quizá no fuera tan malo aquel nombramiento. Además, Sarah y Zechariah habían obtenido el puesto de radiotelegrafistas en la embajada de Israel en Moscú, en un evidente gesto amistoso de los soviéticos que Golda agradeció sinceramente; así no estaría tan sola y además Sarah y su futuro marido tendrían un buen trabajo y un excelente apoyo para su carrera. Así que cuando regresó a Tel-Aviv arreglaron rápidamente las cosas para que los chicos se casaran. A la boda asistieron solamente miembros de la familia; el padre de Golda había muerto en 1946, pero su madre aún vivía y pudo asistir, si bien su salud estaba ya más que resentida. Golda se reencontró allí con Morris, a quien hacía mucho tiempo que no veía, y conoció a los padres del novio de su hija.

Entre tanto, Golda preparaba con intensidad su inmediata incorporación a su nuevo trabajo como embajadora en Moscú. Dedicaba muchas horas al día a estudiar el país pero también a preparar exactamente el guión de lo que Israel querría mostrar a partir de ese momento fuera de sus fronteras, de cómo iba a ser la imagen que habría que dar del país en el resto del mundo. Era un estado recién nacido en guerra, con un gobierno provisional... y sin embargo ya era una nación reconocida por casi todo el mundo y que ganaba peso día a día. La imagen que Golda pensó que habría que dar era exactamente la misma que Israel daba a quien lo visitaba, a quien venía de fuera y conocía su realidad. No podían ni debían prodigarse en recepciones diplomáticas ni derroches de ningún tipo, y las sedes de las embajadas deberían ser tan sobrias y espartanas como lo eran los edificios oficiales de Israel, pues el dinero que había se necesitaba para otras cosas mucho más importantes. Sólo así, pensaba Golda, el resto del mundo los respetaría. Decidió además que «su» embajada de Moscú funcionaría de una forma atípica: como un *kibbutz*, es decir, que los veintiséis miembros de la delegación trabajarían juntos, vivirían juntos, comerían juntos y dispondrían de la misma cantidad de dinero para gastos, además de turnarse en el desempeño de cualquiera de las funciones que la delegación hubiese de cubrir, por lo que todos estarían preparados para todo y jamás podría producirse una laguna por una ausencia o una enfermedad. Cada miembro de la embajada realizaría con preferencia el trabajo para el que estuviese más capacitado, pero también sabría desempeñar otros. Además, Golda pensaba que aquella forma de funcionamiento agradaría mucho a los rusos, aunque en realidad iba mucho más allá de lo que ellos mismos hubieran permitido nunca en cualquiera de sus delegaciones diplomáticas.

XXV. EMBAJADORA EN MOSCÚ

Golda escogió a dos personas que habían de ser claves en su delegación: Eiga Shapiro, su ayudante personal, que hablaba perfectamente ruso y conocía los entresijos de la etiqueta diplomática, las modas y la vida social, y Lou Kadar, otra joven igualmente brillante, nacida en París y que hablaba un francés perfecto, cosa que sería muy necesaria en la embajada, pues se había decidido que el francés sería el idioma diplomático de Israel. Esta muchacha, Lou Kadar, sería en adelante una de las mejores y más íntimas amigas de Golda, junto a la que permaneció durante casi treinta años como su más imprescindible ayudante.

Se acercaba el momento en que habría que partir hacia Moscú, pero durante aquel verano de 1948 Golda aún permaneció en Tel-Aviv para cumplir misiones tan importantes como ser quien recibiera con los brazos abiertos al primer embajador norteamericano en Israel, James G. McDonald, a quien ya conocía y quien a su vez tenía de la señora Meyerson el mejor de los conceptos. También en esos días previos a su marcha entabló amistad con el embajador ruso, Pavel I. Yershov, quien la puso al corriente de infinidad de pequeños detalles que le resultarían enormemente útiles en el futuro.

Por fin, el 3 de septiembre de 1948, Golda Meyerson y la mayor parte de su delegación llegaban a Moscú, en un día en que la ciudad estaba colapsada por el funeral de Andrei Zdanov, uno de los más importantes colaboradores de Stalin. Como aún no se había siquiera decidido dónde podría ubicarse en el futuro la delegación diplomática, se alojaron en el «Metropole», el famoso hotel reservado para extranjeros, a primera vista un palacio pero, tras un análisis algo más detenido, un edificio barnizado de lujo pero extraordinariamente incómodo por sus innumerables carencias. En todo caso, a Golda y su equipo, el «Metropole» les pareció poco menos que la residencia de la familia Romanov, pues tener un piano de cola en la habitación, enormes arañas de cristal colgando de los techos de las igualmente gigantescas estancias y un mobiliario digno de un palacio, era algo que quienes estaban habituados a vivir en Israel solamente habían visto en las películas. Registraron a conciencia las habitaciones en busca de micrófonos ocultos, pues estaban perfectamente al tanto de la desmedida afición del KGB por enterarse de todo lo que ocurriera en cualquier delegación diplomática, pero no encontraron nada pese a que otros muchos diplomáticos extranjeros les aseguraron que hasta la última palabra que pronunciaran quedaría convenientemente grabada y registrada por el eficiente Servicio Secreto.

A los pocos días de haber llegado se impuso la urgente necesidad de restringir los gastos al máximo, pues la vida en Moscú era carísima y mucho más aún en aquel lujoso hotel. Aquella idea de funcionar como un *kibbutz* se convirtió en una realidad forzada por las circunstancias, y la delegación cambió tajantemente sus recién adquiridos hábitos. La comida, que se restringió a una al día, pasó a hacerse en las habitaciones tras comprar los alimentos en el mercado, prescindiendo en adelante del costoso comedor; se compraron unas estufas eléctricas y se suprimió de cualquier gasto superfluo. El *kibbutz* de Moscú estaba en marcha, y así funcionó aquella embajada durante los siete meses que Golda fue su responsable. Unos meses en que los judíos llegados de Palestina descubrieron que Moscú era una ciudad llena de enormes contrastes, donde podían encontrar cualquier madrugada en cualquier calle a una pobre anciana harapienta cavando una zanja a diez grados bajo cero mientras a su lado pasaba una hermosa dama cubierta de pieles y a bordo de un lujoso coche... Así aprendieron la diferencia existente entre ser miembro del «proletariado» o miembro del «partido». Lógicamente, aquel socialismo nada tenía que ver con el que Golda y su equipo practicaban, o como el que practicaba en realidad cualquier miembro del laborismo sionista, cuyo sentido del socialismo iba, sin duda, bastantes años luz más lejos que el de sus teóricos máximos representantes en el mundo.

El primer acto oficial de Golda fue expresar al ministro de Asuntos Exteriores soviético, Molotov, su pésame por la muerte de Zdanov, y el segundo la presentación de sus cartas credenciales. Cuando se realizó esta ceremonia el entonces presidente soviético, Mijail Shvernik, estaba de viaje, por lo que Golda se presentó ante el vicepresidente; leyó un breve y amable discurso en hebreo y tras el acto se celebró una recepción en su honor. Todo salió bien, aunque al principio estaba muy nerviosa ante la posibilidad de cometer cualquier error que pudiera costar caro a su país, temor que, por otra parte, cualquier diplomático destacado en Moscú en aquellos días llevaba permanentemente adherido a la ropa como si formase parte de su vestuario. Pero en el caso de Golda aquel recelo estaba especialmente justificado, pues no hay que olvidar que en la Unión Soviética de Stalin cualquier religión, y especialmente el judaísmo, estaba considerada poco menos que como un delito, y que el sionismo era bastante más que un delito simple, pues se castigaba con penas de trabajos forzados o el exilio a las estepas de Asia central o Siberia. Esa era la Unión Soviética con la que ella tenía que lidiar, pero con un enorme cuidado, pese a que estaba muy impaciente por contactar con los judíos rusos que quedaban en Moscú para conocer en qué condiciones estaban viviendo. Existía un evidente antisemitismo en la URSS, tendencia que pocos años después se convertiría en una salvaje represión, pero que de momento era sólo una angustiosa coyuntura.

A los miembros de la delegación se les dejaba en paz, pero era muy arriesgado contactar con los judíos de Moscú, que vivían prácticamente en la clandestinidad, y más arriesgado aún resultaba intentar ayudarles de alguna forma. La vigilancia a que el KGB sometía a Golda y su equipo era agobiante, y había pocas posibilidades de escapar a ella. Ante esto, pronto decidieron que lo mejor sería no hacer nada, pues tratar de ayudar a algún judío y ser descubiertos podía suponer un terrible castigo para ese judío y cuantos estuviesen a su alrededor, aún cuando a los diplomáticos no les sucediese otra cosa que ser expulsados del país. Se limitaron a visitar la Gran Sinagoga, prácticamente la única que el gobierno permitía que continuase abierta, exclusivamente como elemento de maquillaje de cara al exterior, y permanentemente vigilada y controlada. Allí contactaron con un centenar de ancianos judíos, los «actores» de aquella especie de teatrillo montado por la propaganda soviética para demostrar que había «libertad». Fue una triste experiencia que se confirmó unas semanas después, cuando la delegación acudió de nuevo a la sinagoga para celebrar el *Rosh Hashanah*, el Año Nuevo judío. A ese tipo de grandes solemnidades asistía más gente que la que habitualmente aparecía por allí, y entonces el régimen aprovechaba para darle otro pequeño impulso a su publicidad falsa. Golda lo comprobó cuando un par de días antes de aquella solemne fecha pudo leer en el *Pravda* un rimbombante artículo firmado por un conocido periodista, Ilya Ehrenburg, casualmente judío pero dedicado exclusivamente a hacer apología del «Gran Padrecito Stalin» y su cohorte soviética. Este periodista, en un alarde de servilismo y falseamiento,, escribió en su panegírico cosas tales como que, *si no fuera por Stalin, no existiría el nuevo Estado de Israel*, aunque destacaba con fiereza que entre los judíos de Israel y los judíos de la Unión Soviética existían enormes diferencias, pues en la URSS no existía ningún problema judío, y por lo tanto para nada necesitaban ese nuevo Estado, que quedaba para los judíos de los países capitalistas, que habían de soportar el antisemitismo y la opresión. Además, el libelista hacía la sonora afirmación de que, en cualquier caso, no existía una entidad que pudiera ser llamada «pueblo judío», algo que consideraba un concepto ridículo.

Aquel artículo, que no era sino un serio aviso a los judíos de Moscú para que se mantuvieran a buena distancia de los recién llegados de Israel, provocó en Golda y su equipo un asombro que sólo pudo ser superado por la indignación que sintieron inmediatamente después. Las maravillas del «paraíso socialista» de Stalin empezaban a aparecer ante sus ojos a una velocidad de vértigo, una tras otra, y fue ese el momento en que, aún sin tener siquiera una remota idea de lo que Stalin estaba haciendo, que no era otra cosa que asesinar a cincuenta millones de rusos, Golda se dio cuenta de que pronto la URSS e Israel militarían en dos bandos bien distintos. Y ocurrió que los judíos de Moscú, como respuesta a aquel libelo amenazante, hicieron exactamente lo contrario de lo que los soviéticos les ordenaban. El día de Año Nuevo, Golda y su equipo fueron a la sinagoga vestidos de fiesta, como mandaba la ocasión, para encontrarse, asombrados, con la calle abarrotada de judíos igualmente vestidos con lo que les quedaba de sus mejores galas, esperándoles para expresarles su cariño y su admiración por haber conseguido fundar Israel, y demostrando que eso que los soviéticos negaban que existiera, un «pueblo judío», era mucho más que un simple concepto.

Fue asombroso, y también debió suponer un auténtico *shock* para las autoridades rusas. Porque si normalmente eran un par de miles de judíos los que acudían a la Gran Sinagoga en las solemnidades más especiales, en esa ocasión fueron más de cincuenta mil, y entre ellos un buen número de miembros del Ejército Rojo vestidos de uniforme y acompañados de sus familias, que acudieron a demostrar públicamente su condición de judíos y su alegría por la creación del Estado de Israel. Golda no olvidó jamás aquel día, que describió como uno de los más importantes, grandes y entrañables de su vida. No se esperaba en absoluto que, nada más llegar, la elevaran en el aire, abrazándola y vitoreándola. En el interior de la sinagoga, en la galería de las mujeres, se le acercaban sus compatriotas para tocar su mano y acariciar su ropa en una demostración de veneración que a ella se le hacía más que pasmosa. Se daba cuenta de que se había convertido en un símbolo para los judíos de Moscú... pero no sabía que también lo era ya para los del resto del mundo. Pronto iba a enterarse.

Cuando acabó el servicio religioso y Golda trató de abandonar la sinagoga, las demostraciones de cariño fueron aún más efusivas y aplastantes, en el sentido más literal de la palabra, que a su llegada. La multitud la rodeaba gritando una frase que pronto sería el sobrenombre cariñoso que los judíos de todo el mundo aplicarían a su emblemática fundadora de Israel: *Nasha Golda*, gritaban, *Nuestra Golda*, y así la conocerían en adelante, en todas partes, todos los judíos de la tierra. Pero también había quien parecía recordar aquel nombre cariñoso que le adjudicaron cuando era niña, y, como ella recordaba más tarde con lágrimas en los ojos, un entusiasta hombrecillo que procuraba mantenerse lo más cerca que le era posible gritaba desaforadamente una y otra vez. *¡Goldele, leben zolst du. Shana Tova!,* es decir, *¡Goldele, larga vida para tí y feliz año nuevo!...* A la emocionada Goldele sólo se le ocurrió en aquellos momentos una frase de agradecimiento a toda aquella gente cuya existencia casi ignoraba hasta pocas horas antes, una frase que resumía sus sentimientos y sus emociones: *¡Gracias por haber seguido siendo judíos!...* Y aquella frase corrió como un reguero de pólvora ardiendo entre aquellos miles de judíos emocionados y agradecidos porque ya tenían un país al que quizá conseguirían llegar algún día.

Diez días después la gran fiesta se repitió con la celebración del *Yom Kippur*, el Día de la Expiación, otra gran festividad judía que de nuevo provocó una enorme aglomeración en la Gran Sinagoga y sus alrededores. Aunque las autoridades rusas aún no habían mostrado reacción alguna ante aquello que seguramente consideraban una provocación, pronto Golda empezó a notar los efectos que su enorme popularidad entre los judíos de la Unión Soviética producía en los preocupados miembros de todas las instituciones oficiales. Durante una recepción, un corresponsal extranjero inglés le dijo a Golda si le gustaría conocer al ilustre Ilya Erhenburg, el judío que escribía en el

Pravda proclamas en loor de la Unión Soviética y que negaba la existencia siquiera del concepto de «pueblo de Israel». Erhenburg estaba borracho, lo que según le dijeron a Golda solía ser su estado habitual, y ante ella se mostró iracundo, resentido y agresivo. Empezó a hablarle en ruso pero ella le cortó con un escueto: *No hablo ruso. ¿Habla usted inglés?* El periodista respondió con una frase despectiva: *Detesto a los judíos de origen ruso que hablan inglés*. E inmediatamente recibió de Golda una respuesta que hizo que se le atragantara el trago de vodka que se estaba echando al coleto: *Y yo compadezco a los judíos que no hablan hebreo o, al menos, yiddish*. Erhenburg fue perfectamente consciente de que el escaso prestigio que pudiera tener como comentarista *especializado en asuntos judíos* acababa de convertirse en aire. Hecho una furia beoda abandonó la recepción con el firme propósito de evitar volver a cruzarse con Golda Meyerson en el futuro.

Golda se llevó más sorpresas durante aquellos meses en Moscú; una, y muy notable, fue la de enterarse de que la esposa de Molotov era judía, cosa que pudo averiguar de sus propios labios en otra recepción. Mantuvieron una amable conversación en la que Ivy Molotov demostró su cariño por el pueblo judío, habló en *yiddish* con Sarah, que había sido invitada a la cena, y al final les deseó mucha suerte. Años después, en Nueva York, Golda se enteró de que aquella noche, tras aquella conversación, Ivy Molotov había sido detenida. Como iban a serlo muchos de los entusiastas judíos que aquel enero de 1949 demostraron su amor por Israel reuniéndose en la Gran Sinagoga de Moscú. La represión que aquello desencadenó fue como cualquiera de las que los comunistas organizaban constantemente, pero en aquel caso fue aún más dramática e injusta, pues todo lo que aquellas gentes habían hecho fue celebrar el nacimiento de un país y mostrar su cariño por su propio pueblo sin hacer referencia a ninguna otra cosa. Pero para los soviéticos, naturalmente, fue *una traición a los ideales comunistas,* esa frase tras la que durante años se disfrazan millones de asesinatos en nombre del pueblo. En los días siguientes a aquellas dos grandes celebraciones judías se cerraron prácticamente todos los poquísimos reductos que los judíos de Moscú conservaban: el teatro *yiddish* de Moscú, el periódico judío *Enigkeit*, la editorial Emes, única que editaba obras en *yiddish*... No se tuvo en cuenta si habían tenido algo que ver con aquellas dos grandes demostraciones o si habían permanecido fieles a las líneas soviéticas que tenían marcadas, porque ya no se trataba de un simple castigo sino de una represión definitiva en toda regla. Cinco meses después ya no quedaba en toda Rusia una sola organización judía, y ningún judío podía acercarse a los miembros de la delegación diplomática de su país. Y en aquel ambiente de «libertad socialista» el gobierno adjudicó por fin a Israel una casa para que instalara su embajada. Golda envió a Eiga a Estocolmo a comprar los muebles y elementos necesarios para adecuar la legación, y aprovechando esa favorable coyuntura le encargó también que comprara una maleta adecuada para cumplir las funciones de valija diplomática. Cuando regresó trajo consigo un excelente mobiliario y la embajada quedó por fin magníficamente instalada.

Golda viajó a Israel tras las elecciones de enero de 1949 para dar cuenta de cómo iban las cosas y allí recibió una grata sorpresa: Ben-Gurión le preguntó si quería formar parte del gobierno que estaba constituyendo. El *Mapai*, el principal Partido Laborista de Israel, había obtenido una arrolladora victoria en las elecciones, y Gurión ofrecía ahora a la mujer más valiosa de su equipo el puesto de ministro de Trabajo. Ella aceptó y decidió que unos días después regresaría a Moscú para empezar a preparar su vuelta definitiva a Israel. Dejaba en Rusia la embajada perfectamente organizada, había cumplido con su trabajo y de paso había vivido algunos de los momentos más emocionantes y entrañables de su vida. Pero ahora, por fin, empezaba a sentirse realmente recompensada, a notar que todo su trabajo anterior recibía el premio que realmente había ganado.

Ese primer gobierno del Estado de Israel fue de coalición, y formaban parte del mismo el Frente Religioso Unido, el Partido Progresista, formado en gran parte por miembros o simpatizantes del *Mapai* que preferirían prescindir de militancia, y el *Shephardim*, un pequeño partido que representaba los intereses de los llamados judíos orientales. El hecho de que el ministro de Trabajo fuera una mujer produjo un escandalizado revuelo entre los representantes del Frente Religioso Unido, que no aceptó en principio la propuesta de Ben-Gurión. Pero Golda Meyerson había hecho, ella sola, mucho más por Israel que todos los miembros de ese partido juntos, y su prestigio en todo el mundo era mucho mayor que el de cualquier otro líder judío, así que los viejos prejuicios y los errores de la ortodoxia más apolillada, aunque seguían teniendo fuerza, fueron ignorados y Golda Meyerson fue nombrada ministra de Trabajo.

Regresó, pues, a Moscú, para cerrar todos los asuntos que tenía pendientes en la embajada y preparar a su sucesor; esta vez su estancia en Moscú se le hizo mucho más dura, pues ahora se daba cuenta aún mejor de las enormes diferencias sociales, la falta de libertad y el permanente estado de miedo que se padecía en toda la Unión Soviética. Le daba mucha pena y le remordía la conciencia el hecho de que ella pronto volvería al sol de casa mientras sus queridos compañeros tendrían que quedarse allí, al menos durante unos meses más. Golda se despidió de todos los funcionarios extranjeros con los que mejores relaciones mantuvo a lo largo de aquellos meses, así como de los soviéticos, con los que las relaciones habían sido bastante más tensas pero siempre corteses. Y con el trabajo cumplido, regresó a Israel para iniciar una nueva y más alta etapa en su imparable carrera política.

XXVI. LA SEÑORA MEYERSON, MINISTRA DE TRABAJO

El 20 de abril de 1949 Golda regresó a Israel definitivamente para entrar a formar parte del primer gobierno de Israel. El trabajo que ahora tenía ante sí era realmente titánico, porque el país había experimentado una serie de cambios espectaculares; coincidiendo con su vuelta, en aquella primavera de 1949, la Guerra de la Independencia tocó a su fin, al menos de una forma oficial. Se firmaron acuerdos de armisticio con Egipto, Líbano, Jordania y Siria, aunque los tratados de paz definitivos seguirían en el aire, pero fue suficiente para que las estructuras del país sufrieran un cambio radical. La guerra con los árabes, que éstos no habían podido ganar con las armas, se libraría ahora en otros frentes, los de las influencias económicas en todos los campos. Israel debía enfrentarse ahora a un alud de boicots a sus compañías, al cierre del canal de Suez para sus barcos y a infinidad de presiones y chantajes árabes sobre otros países en un permanente intento de hundir la economía judía. Pero al fin y al cabo ya estaban acostumbrados a vivir en circunstancias semejantes, y nadie en Israel se puso a temblar de miedo. Y aunque la guerra había acabado oficialmente, los encontronazos en las fronteras, los atentados y los sabotajes, los asaltos de bandas de bandidos árabes a asentamientos aislados o simplemente en las carreteras seguían a la orden del día, pero como ya eran para todos como una parte más del paisaje tampoco aquello resultaba excesivamente preocupante para nadie. Los judíos de Israel se habían endurecido de tal forma que habían hecho nacer una nueva raza, un nuevo pueblo formado por hombres y mujeres que parecían ser de hierro, acostumbrados al sufrimiento y al dolor e incapaces de arredrarse ante nadie. Ya lo habían demostrado pasando por encima de la soberbia del Imperio Británico y después en una guerra contra cinco ejércitos árabes, así que lo que ahora habían de afrontar se les antojaba bastante más sencillo que todo lo anterior. Además, ahora ya eran un país, ya tenían un ejército y ya empezaban a ser influyentes, a contar en el teatro del mundo. Todos sabían que los países árabes seguían financiando el terrorismo y la guerrilla, pero nadie hacía nada para evitarlo e Israel tenía que aguantar y defenderse.

Golda iba a tener que organizar un Ministerio de Trabajo que habría de procurar ocupación a cientos de miles de nuevos inmigrantes, que no paraban de llegar desde todos los puntos del globo y que se unían a los que ya estaban viviendo una clara precariedad en el aspecto laboral. Si bien era cierto que había muchísimo que hacer, no lo era menos que antes sería necesario organizar todos esos trabajos de la forma más racional y práctica. Y nada menos que eso era lo que a Golda le acababa de caer encima pero, como siempre, el pequeño detalle de no tener una idea ni siquiera remota de cómo debía afrontar el reto no le quitaba el sueño. Aunque los inconvenientes, ahora, eran infinitamente mayores a los que existían años atrás, cuando a Palestina llegaban judíos dispuestos a trabajar en lo que fuera, profesionales y artesanos bien preparados para afrontar cualquier desafío y soportar las peores condiciones. Ahora llegaba una cada vez más abrumadora cantidad de ancianos y niños, mientras la inmensa mayoría de los que tenían edad para haber estado en condiciones de trabajar llegaban enfermos, destruidos por la larga etapa de penuria que habían soportado e incapaces de volver a ser quienes un día fueron. Israel había abierto sus puertas a todos los judíos del mundo, y ahora tenía que mantener el reto que se había marcado, a sí mismo porque no había condiciones para nadie, no se podía escoger a esos nuevos miembros de Israel que habían aceptado la oferta de sus hermanos de Palestina. Así, entre 1949 y 1950 el nuevo Estado de Israel hubo de absorber una nueva población inmigrante que rondaba las 500.000 personas, llegadas en tan sólo dos años y sin que se vieran perspectivas de que el volumen de aquella riada humana fuera a reducirse.

No obstante el elevado número de personas no aptas para el trabajo, al menos durante los primeros meses tras su llegada, otros muchos sí conseguían retomar sus viejos oficios y profesiones sin apenas dificultad; todo se basaba, pues, en hallar el sistema en el que todos pudieran hacer trabajos lo más parecido posible a los que habían desarrollado antes de emigrar a Israel. Muchos de los recién llegados procedían de lugares donde vivían en la más extrema miseria, por lo que supieron adaptarse rápidamente a las condiciones de vida que encontraron, y que siempre eran mejores que las que antes tenían; más de 200.000 nuevos ciudadanos israelíes vivían en tiendas de campaña cuando Golda accedió a su nuevo cargo, un número que aumentaba día tras día. Todos los esfuerzos, todos los planes que se elaboraban para alimentar, vestir, educar o atender sanitariamente a todos aquellos nuevos ciudadanos se quedaban cortos nada más ser puestos en práctica. La asombrosa mezcla de razas y culturas que ahora convivían en Israel era como una gran Babel cuyas dimensiones escapaban a cualquier proceso de análisis, pues allí se habían reunido judíos procedentes de las más diversas naciones, que no compartían ni la misma cultura ni la misma lengua. Pero todos aquellos pequeños detalles no tenían importancia simplemente porque no podían tenerla, porque Israel no podía permitírselo.

Pese a lo aparentemente imposible de aquella tarea, las cosas empezaron poco a poco a funcionar. En primer lugar se consiguió que la atención sanitaria para la ingente cantidad de enfermos de todas clases que allí se habían reunido se organizara de una forma tan inteligente que en pocos meses prácticamente todos recibían la atención adecuada. Los que llegaban traían consigo las enfermedades más variadas, desde la tuberculosis hasta la malaria, herpes, tifus, tracoma, sarampión, disentería, sarna o pelagra. Todas estas enfermedades, por importante que fuera el brote, fueron controladas por un número asombrosamente pequeño de cansados y heroicos médicos y enfermeras, mientras un no menos reducido y heroico número de maestros montaron escuelas en los lugares más insospechados para enseñar rápidamente a hablar en hebreo y *yiddish* a quienes no hablaban más que sus propias lenguas, las de sus países de origen. Simultáneamente se montaban y organizaban nuevas industrias de todo, tipo analizando en cada momento las necesidades más urgentes del país y las posibilidades de disponer de profesionales adecuados para instalar fábricas o talleres rentables y funcionales desde el primer momento. La construcción de viviendas experimentó, lógicamente, no ya un crecimiento espectacular, sino una explosión de niveles cósmicos. A la perentoria necesidad de proveer de techo a tanta gente se añadía el hecho de que la construcción generaba grandes cantidades de puestos de trabajo, así que a este sector se destinaron la mayor cantidad de fondos de que se pudo disponer en cada momento. Aunque algunos economistas sostenían que aquello dispararía la inflación, otra teoría, que era la que Golda creía correcta, afirmaba que ésa sería la única forma de hacer despegar la economía del país, aunque al principio fuera necesario hacer constantes ajustes y cuidar este sector con mucho más mimo que a otros. Fue Golda quien, nada más llegar de Moscú, presentó un proyecto de construcción de 30.000 viviendas que se construirían de forma simultánea, y como no había dinero para financiarlo, hizo lo que mejor sabía hacer: volar a los Estados Unidos para conseguir el dinero necesario. En un par de semanas estaba de vuelta con el dinero y se inició la construcción de aquellas treinta mil viviendas. La cosa no salió del todo bien porque algunas se levantaron en emplazamientos equivocados y además no se pudieron cumplir los plazos; las dificultades eran demasiadas, y el proyecto se quedó pequeño mucho antes de haberse concluido. Sin embargo, mientras duró la construcción de viviendas para todos, se construyeron infinidad de barracones provisionales, metálicos o de madera, evidentemente incómodos pero mucho más habitables y soportables que las tiendas de lona, y pronto ningún inmigrante dormía ya bajo una carpa, sino entre cuatro paredes y bajo un techo.

Para los nuevos inmigrantes se iban creando campamentos de alojamiento temporal que se situaban cerca de los lugares donde había trabajo. Era la ministra de Trabajo Golda Meyerson, quien había ideado este sistema que evitaba desplazamientos y resultaba más cómodo para los trabajadores y más práctico para los centros donde habían de trabajar. En 1951 había ya 112 campamentos de este tipo en los que vivían 227.000 nuevos inmigrantes. El siguiente paso fue la puesta en marcha de un ambicioso programa de obras públicas capaz de crear muchos nuevos puestos de trabajo y, sobre todo, de que muchos nuevos inmigrantes que llegaban, especialmente los procedentes de países africanos, que apenas estaban preparados para ejercer ningún oficio, pudieran realizar un trabajo sencillo pero que les valdría un jornal, evitando que se acostumbrasen a vivir de la beneficencia o de la caridad pública, problema éste que se volvía más grave cada día.

Golda impulsó desde su ministerio un ambicioso plan de construcción de carreteras que tenía un doble objetivo: crear una red de comunicaciones importante para el nuevo país, que carecía prácticamente de todo tipo de infraestructuras, y simultáneamente generar cientos de miles de puestos de trabajo. De un día para otro, sin apenas disponer de herramientas y mucho menos de tractores o maquinaria pesada, miles de nuevos obreros recién reclutados entre quienes no encontraban ocupación se aplicaron a despejar, aplanar y preparar miles de hectáreas destinadas a la nueva red de carreteras, mientras otros plantaban miles de árboles creando bosques donde poco antes sólo había descampados pedregosos. Israel empezó a cambiar a una velocidad tal que aquellos cambios podían apreciarse de un día para otro.

Aunque los problemas no desaparecían y las discusiones sobre la mayor o menor utilidad de una u otra estrategias estaban a la orden del día, las cosas iban mejorando a ojos vista, y aunque entonces y allí podía parecer que el progreso era lento, observándolo con la perspectiva del tiempo resulta asombroso comprobar que, muy al contrario, las cosas mejoraban a una velocidad de vértigo. En tan sólo tres años se había conseguido superar una situación próxima al caos y se había dado techo y trabajo a cientos de miles de personas, a la vez que la red de infraestructuras del país crecía de forma hasta hacía poco impensable y el tejido industrial, prácticamente inexistente pocos años atrás, experimentaba también un crecimiento insólito a una velocidad nunca vista en cualquier otra parte del mundo.

Si ya todo iba mejor, todo mejoró aún más a partir de 1952, cuando el número de inmigrantes empezó por fin a descender a un ritmo de mil por día. Por fin fue posible empezar a trasladar a quienes ocupaban barracones a los nuevos barrios levantados en las ciudades y a las nuevas viviendas construidas tanto en las zonas rurales como en los pueblos y aldeas fronterizas para impulsar la agricultura en todo el país. Mientras unos preferían la ciudad y trabajar en fábricas o industrias, otros elegían el campo y la agricultura, y a éstos se les daba una vivienda, ganado, aperos de labranza y una parcela de tierra que desde ese momento pasaba a ser responsabilidad suya, así como su medio de vida. En todo el mundo se contemplaba con asombro cómo los judíos de Israel estaban construyendo un nuevo país, verde y perfectamente habitable, sobre lo que poco antes no era más que un desierto inhóspito y aparentemente imposible de explotar. Era un milagro que, naturalmente, los árabes de Palestina no reconocían, como tampoco los países árabes. Pero Israel crecía, prosperaba y se enriquecía, y con su prosperidad crecía también su capacidad de autoprotección. Los tiempos del miedo y la indefensión empezaban a ser historia.

Aunque los problemas eran muchos y de cuando en cuando surgían situaciones conflictivas, todo se iba solucionando paso a paso con una política férrea e inteligente. Las dificultades de convivencia que surgían entre distintos grupos de judíos que nada tenían en común y se veían obligados a convivir de una manera muy estrecha preocuparon mucho en un principio, pero esas situaciones fueron solucionándose mediante realojos, traslados e intercambios hasta conseguir una ubicación más o menos idónea para todos. Además, las intensas campañas de educación mediante las que todos, niños y adultos, aprendían a comunicarse en una lengua común, bien en hebreo, bien en *yiddish* o bien en ambas, empezaban también a dar sus resultados y aquella Babel de un par de años atrás se iba transformando en un gran edificio donde todo el mundo hablaba la misma lengua, mejor o peor, pero la misma, lo que evitaba esa serie de absurdos problemas sin fin que existen en los países donde los diferentes nacionalismos tratan de imponer sus dialectos sobre un idioma común. Israel no cometió esa estupidez sino que, muy al contrario, supo erradicarla en un par de años.

Pero mientras más rápidamente crecía el nuevo país y más aprisa se desarrollaban sus estructuras y su industria, mayor era también la necesidad de fondos para cubrir todas las necesidades que se habían presentado. Si Israel hubiera podido actuar de la misma forma en que lo hizo pero sin la prisa agónica de tener que alimentar y dar techo a casi un millón de personas que habían llegado con lo puesto, las cosas hubieran salido aún mejor y las deudas acumuladas hubieran sido menores; pero lo hecho, hecho estaba, entre otras cosas porque no había quedado más remedio que hacerlo así y preciso es reconocer que, pese a todos los problemas y agobios, las metas se habían cumplido de una manera asombrosamente eficaz. Para ello Golda había seguido haciendo eso que siempre supo hacer: viajar en busca de fondos, y conseguirlos.

Según los cálculos del gobierno, para que Israel consiguiese mantener un ritmo de crecimiento que permitiera el despegue definitivo de su economía serían necesarios 1.500 millones de dólares en los tres años siguientes; 500 millones podrían ser sufragados por el propio Israel, pero los otros 1.000 deberían llegar de fuera. Había que buscar ayudas, pero también inversores, pues ya no se trataba sólo de conseguir aportaciones a fondo perdido, sino de rentabilizar al máximo y hacer lo más competitivo y eficaz posible todo el complejo engranaje industrial que ya estaba en formación. Así que se pensó en el sistema de la venta de bonos, unos bonos que serían algo así como acciones de una gran compañía llamada Israel, y quienes los compraran estarían no sólo colaborando al despegue definitivo del nuevo país, sino también invirtiendo su dinero con fundadas esperanzas de hacerlo rentable.

XXVII. UNA GRAN COMPAÑÍA LLAMADA ISRAEL

Con los nuevos bonos en la maleta, Golda Meyerson emprendió otra vez viaje rumbo a América. La recibieron como siempre, con cariño y entusiasmo, sólo que ahora, además, con la sorpresa de comprobar que ésta vez no venía sólo para pedirles dinero sino para ofrecerles un negocio: el negocio de Israel, de hacer de un país recién nacido, una potencia industrial y tecnológica para el futuro. Las bases ya estaban sentadas, con sangre sudor y lágrimas, y lo más difícil del trabajo ya había sido culminado con éxito. Israel ya era un país, y ahora había que desarrollarlo al máximo. En los años siguientes, a partir de aquel 1951 en que surgió la idea y Golda Meyerson la expuso en América, se vendieron más de 3.000 millones de dólares en bonos a largo plazo. En 1975 se habían reembolsado ya más de 1.000 millones a los inversores, y los restantes estaban siendo reinvertidos por voluntad de los propios inversores o estaban a punto de poder ser reembolsados. La economía de Israel despegó definitivamente gracias a aquellos bonos... y al trabajo de los habitantes del nuevo país.

Precisamente en aquel año de 1951, cuando Golda estaba en América ocupada en la promoción de los bonos, recibió la triste noticia de la muerte de Morris. Regresó inmediatamente a Israel para asistir al funeral, recordando cómo había sido su vida juntos, la incompatibilidad de caracteres que había acabado separándoles, pero también lo buen marido que había sido para ella y lo buen padre que fue para sus hijos. Hasta el final, aunque separados, fueron amigos y se llevaron bien, porque Morris sabía que nunca hubiera podido cambiar a Golda, predestinada a ser una gran líder, como ésta sabía que ella tampoco hubiera podido nunca apartar a su esposo de sus convicciones y de su amor por la vida tranquila. Pero la vida seguía, e Israel, por el que Morris también luchó y por el que al final de su vida hubiera dado hasta la última gota de su sangre, seguía haciéndose cada día más grande gracias a hombres como éste que acababa de morir.

Esa gran compañía llamada Israel mejoraba cada día las condiciones de quienes la hacían posible. Golda puso en marcha, desde su ministerio de Trabajo, en los siete años que ocupó aquel cargo, numerosos proyectos brillantes que dieron excelentes resultados. En enero de 1952 presentó ante el Parlamento el primer Proyecto de Seguridad Nacional de Israel, que preparaba el terreno para la futura implantación de la Ley del Seguro Nacional, que entraría en vigor dos años más tarde. No era la panacea universal ni iba a ser fácil que desde el principio funcionara correctamente, pero era la base de una Seguridad Social para todos y una declaración de intenciones de que el Estado de Israel iba a tratar de evitar que sus ciudadanos sufrieran la pobreza, la incultura o la marginación. Lógicamente, era mucho el dinero que se necesitaba para poner este plan en marcha, y se hizo de forma paulatina porque era imposible implantarlo en su totalidad de buenas a primeras. Poco a poco, cada uno de los campos que se cubrían empezaron a experimentar la mejoría esperada, demostrando que aquello, pese a sus enormes dificultades, era posible.

También desde su despacho del ministerio de Trabajo, Golda pudo organizar y hacer realidad una considerable mejora de la enseñanza, tanto para los niños como para adultos, así como de la formación profesional para muchos inmigrantes que se convirtieron en técnicos, artesanos y profesionales de los más diversos oficios, algo que también ayudó de forma considerable a un desarrollo más rápido del país. Los ministerios de Trabajo, Educación y Bienestar Social emprendieron una serie de proyectos conjuntos en los que era imprescindible una coordinación y cooperación constante entre ellos, y los resultados fueron excelentes. También el Ejército y una serie de organizaciones que ya contaban con experiencia colaboraron en estos proyectos conjuntos que tanto ayudaron al rápido desarrollo del nuevo país, un país que estaba demostrando al mundo cada día que todos y cada uno de sus miembros podían actuar en un régimen absoluto de colaboración constante, eran como un gran equipo en el que cada cual cumplía su función y aceptaba las normas. Los judíos no habían tenido un país desde hacía dos mil años; ahora ya lo tenían, y se estaban volcando en hacerlo lo mejor y lo más rápidamente posible. El número de asentamientos en el campo se multiplicó, a la vez que surgían nuevas poblaciones que pronto se convertían en pequeñas ciudades que

Desde la creación del Estado de Israel, ocupó ininterrumpidamente puestos de la máxima responsabilidad y dificultad.

crecían con rapidez. Unas prosperaban y otras no, pero todo lo que no funcionaba era modificado o sustituido sin pérdida de tiempo, ya fuese un asentamiento rural, un proyecto industrial o una nueva ciudad planificada para funcionar de una forma casi autónoma en torno a un propósito concreto.

Algo en lo que Golda Meyerson insistió siempre, algo que sacó a colación una y otra vez en todos los foros internacionales y que procuró que el mundo entero supiera, era que no sólo se construían casas para los judíos, sino también para los árabes que vivían en Israel. Se les trataba igual que a los judíos, se les pagaban iguales salarios y se les facilitaban iguales viviendas en las ciudades o en los asentamientos rurales que las que se daban a los colonos judíos. Los árabes eran considerados también ciudadanos de Israel, pues vivían y trabajaban allí. En 1953 se promulgó una ley por la cual el gobierno compró todas las tierras que habían sido abandonadas por los árabes que se fueron durante la guerra, y al menos las dos terceras partes de los que formularon reclamaciones fueron indemnizados, recobraron su propiedad si querían volver a ella o recibieron a cambio otra en otro lugar similar. Sin embargo, la campaña árabe en todo el mundo decía que a los árabes que se habían quedado en Israel se les trataba brutalmente y se les explotaba. Una campaña que costó mucho contrarrestar, pues pese a no contener más que falsedades contaba con innumerables apoyos políticos y mucho dinero árabe para su difusión. Y aún así, Israel seguía creciendo, y los árabes que se habían quedado allí no decían nada de marcharse. A los propios judíos les interesaba que se quedaran, primero para demostrar al mundo que era posible la convivencia pacífica entre árabes y judíos, y segundo, porque si en 1948, cuando el proceso comenzó, se hubiesen ido de Palestina los más de 500.000 árabes que vivían allí, se habría producido una catástrofe económica de consecuencias imprevisibles. No obstante, la mayoría acabó marchándose, pero los que se quedaron recibieron un trato igual al de un judío y vivieron desde entonces en una situación mucho mejor que los que decidieron emigrar, con un nivel de vida que hasta entonces no habían conocido. Ahora vivían en casas cuando antes lo hacían en chozas o tiendas sin agua corriente ni luz y disponían de una serie de servicios sociales de los que hasta entonces ni siquiera habían oído hablar. Y ninguno, al cabo de unos meses, quería oír una palabra sobre una posible marcha.

En 1955 se celebraron nuevas elecciones. El *Mapai* quería tener un alcalde laborista en Tel-Aviv, y pensaron que Golda era la indicada para aquel puesto. Pero ella no quería dejar en ese momento su Ministerio de Trabajo, desde el que estaba realizando una serie de proyectos muy importantes que no hubiera podido acometer desde otro puesto político. Pero, como siempre hacía, se sometió a la voluntad del partido, aunque con la fortuna de que no resultó elegida porque un miembro del Consejo Municipal de Tel-Aviv, del bloque religioso, se negó a votar a una mujer, y ella pudo seguir en su puesto del ministerio, con gran alivio por su parte. No obstante, independientemente de la alegría que le produjo poder seguir con su trabajo, también sintió una enorme indignación ante el hecho de que siguiera existiendo aquella facción de ortodoxos apolillados que se negaban a dar responsabilidades a las mujeres, sin tener en cuenta en absoluto cuáles pudieran ser sus méritos. Las mujeres —sin hablar de ella misma— habían hecho por Israel tanto o más que los hombres, habían trabajado y luchado en todos los campos y seguían haciéndolo, y eran incontables los casos de mujeres con muchos más méritos y capacidad que muchos hombres para ocupar cualquier cargo o puesto en el país. Que ahora aparecieran estos anticuados tradicionalistas, gente que en su mayor parte no había hecho nunca nada práctico ni había arriesgado nada en aquella terrible lucha, diciendo que les parecía inaceptable dar responsabilidades a las mujeres, resultaba no solo inaceptable, sino insultante. Un país que estaba naciendo no podía dar ante el mundo la imagen de nacer ya cargado con la tara de individuos como aquellos, con sus ideas medievales y sus conceptos polvorientos que ya nadie en el mundo civilizado tomaba siquiera en consideración. Y si a los nuevos dirigentes de Israel les parecía duro enfrentarse a aquellos carcamales anclados en el pasado, quizá por un respeto mal entendido a las tradiciones, a Golda y a otras muchas mujeres del nuevo Israel no les daba el menor miedo decir lo que pensaban sobre la cuestión. Si había que tener respeto por algo, en primer lugar habría que tenérselo a ellas, que se habían jugado la vida muchas veces sin que nadie se lo ordenara. Así que Golda Meyerson no se calló lo que sentía y expuso en voz alta el desprecio que le inspiraban aquellos chupatintas de la tradición que vivían exclusivamente de explotar el exceso de respeto de los demás.

Aunque el conflicto venía de atrás, aquel asunto acabó de ampliar la naciente brecha que se estaba abriendo entre los partidos clericales y los demás. Los ortodoxos, poco a poco, iban tratando de imponerse en todos los terrenos, como lo hacen los ortodoxos de todas las religiones y como lo hacen los integristas musulmanes. El sistema era el mismo: acudir una y otra vez a las viejas tradiciones y a las escrituras y proclamar con voz tonante que había que seguir como dos mil años atrás. Pero esta vez los nuevos judíos, los que habían dado vida a Israel, no estaban dispuestos a dejarse aplastar por los ortodoxos ni tampoco a meterse en una disputa religiosa en la que sus oponentes, sin duda, acabarían recurriendo al sentimiento religioso como era su costumbre, convirtiendo la disputa en una batalla entre los buenos y los demonios... Irónicamente, quienes más habían luchado —y seguían haciéndolo— por Israel y los judíos, iban a ser acusados poco menos que de antisemitas por negarse a aceptar unas viejas tradiciones que hacía mucho tiempo que se habían quedado anticuadas... Pero, en aquel momento, ni Ben-Gurión ni ninguno de sus más cercanos colaboradores, la gente que de verdad importaba en Israel, quisieron entrar en la polémica que los ortodoxos intentaban provocar; había otros problemas más importantes que solucionar, y la lucha entre el bloque religioso y los demás partidos seguiría desarrollándose en los años siguientes con sus altibajos y sus crisis, pero sin que nunca los defensores a ultranza del pasado más remoto consiguieran forzar situaciones graves.

XXVIII.   GOLDA MEIR, MINISTRA DE ASUNTOS EXTERIORES

Golda no llegó a ser alcalde, pero su puesto en el Ministerio de Trabajo también estaba llamado a ser cambiado por otro más importante. Antes de aquellas elecciones de 1955 Ben-Gurión, agotado tras más de veinte años de una vida al límite de tensión y riesgo, decidió retirarse y dimitió como primer ministro y ministro de Defensa para irse a pasar una temporada a un *kibbutz*, pues estaba en el límite de su resistencia. Quería descansar al menos dos años, y el anuncio de que se iba fue una bomba. Para todos era imprescindible, el líder absoluto, y sin él probablemente se sentirían desnudos y desprotegidos. Pero por mucho que le suplicaron, no cedió. El puesto de primer ministro fue ocupado por Moshe Sharett, el segundo hombre más importante de Israel, que en ese momento era ministro de Exteriores y que iba a compaginar esa cartera con la de máximo mandatario. Ese fue el arreglo durante 1954, hasta que en 1955 Ben-Gurión volvió, de nuevo como ministro de Defensa y poco después también otra vez como primer ministro, mientras Sharett se ocupaba de nuevo de la cartera de Exteriores exclusivamente. Pero aquel proceso, que sirvió para que Ben-Gurión se recuperase de su agotamiento y recobrase sus viejas fuerzas para la lucha, también influyó en el que iba a ser el futuro próximo de la ministra de Trabajo.

Pese a que Ben-Gurión y Sharett eran los dos hombres más importantes e influyentes de Israel y pese a que habían luchado juntos a brazo partido durante décadas para sacar adelante el proyecto del nuevo país, tantos años de lucha y dolor habían acabado afectando a las relaciones entre ambos, pues las enormes responsabilidades con que uno y otro habían de cargar se cruzaban a veces provocando situaciones duras. Gurión era un activista, un luchador, un ejecutivo de la política y un ejecutor de las decisiones que se tomaban; Sharett era un diplomático, un político inteligente que prefería la negociación, la astucia y la paciencia a la decisión y la fuerza. En ocasiones tenía razón uno y en ocasiones el otro, pero eso sólo podía verse desde fuera, no desde el interior de sus propias cabezas. Y ése era el motivo de que, tras tantos años, la tensión existente entre ambos fuera grande. Tensión que aumentó cuando Ben-Gurión se reincorporó a su puesto en 1955, y la causa esta vez fue la decisión que debía tomarse para acabar con el terrorismo árabe, una sangría para el país que cada día iba tomando un cariz más insoportable. Gurión quería cortar de raíz las incursiones árabes y aplicar una represalia contundente para acabar con las cada vez más numerosas bandas de maleantes y terroristas árabes que pululaban por Israel, pero Sharett, aún sin descartar por completo las represalias, prefería seguir presionando sobre los Estados árabes que financiaban estas bandas y seguir recurriendo a las Naciones Unidas, es decir, utilizar la diplomacia aunque hubiera que seguir soportando la violencia, pues estaba convencido de que si tomaban represalias, por justas que fueran, serían utilizadas contra Israel en una enorme campaña antiisraelita que sin duda se desataría en todo el mundo. Gurión, en cambio, seguía pensando que antes que la de tener contento al resto del mundo, su obligación era la de mantener vivos y seguros a sus compatriotas fueran cuales fuesen las reacciones de quienes nada se estaban jugando en este asunto. Era muy bonito gritar desde fuera mientras otros morían dentro. Podía haber formado pequeños comandos que realizasen misiones rápidas y discretas, y luego negar cualquier responsabilidad en ello, pero él no actuaba nunca así. Quería que los ciudadanos de Israel supieran que el Estado se ocupaba de su seguridad y qué hacía para ello. Así que, mientras se anunció que la oferta de una vida pacífica con los árabes seguía en pie, se anunció también que cada golpe y cada acto terrorista sería debida y contundentemente contestado, como así se hizo a partir de 1955. Cada colono muerto en su *kibbutz* o cada ciudadano asesinado en una ciudad o una carretera originaba una respuesta rápida y rotunda, y las bandas de asesinos y terroristas empezaron a conocer también el miedo. Los ataques no acabaron, pero descendieron considerablemente, como considerablemente aumentaron las diferencias entre Ben-Gurión y Sharett.

Ésa era la situación cuando, en 1956, el *Mapai* buscó un nuevo secretario general. La ministra de Trabajo no se esperaba en absoluto la llamada de Ben-Gurión, y menos aún que aquella llamada fuera para preguntarle si aceptaría ese puesto. Por una parte era para ella un honor, pero por otra seguía entusiasmada con lo que estaba haciendo desde el Ministerio de Trabajo. Como de costumbre, respondió que haría lo que decidiera el partido. Lo que ocurrió entonces fue sorprendente para todos: en la reunión organizada para analizar el tema, Sharett dijo bromeando que quizá debiera ser él quien ocupara ese puesto y, para sorpresa de todos los presentes, Ben-Gurión aceptó inmediatamente aquel ofrecimiento diciendo que tal vez sería lo más adecuado, y que Sharett podría librar al *Mapai* de los constantes ataques que estaba recibiendo de los distintos sectores políticos rivales, desde la izquierda progresista hasta la facción religiosa más ortodoxa. Y se decidió que Sharett sería el secretario general.

Golda no acababa de entender por qué Ben-Gurión le había ofrecido aquel puesto y la había forzado a comunicar ante todos que lo aceptaría si se lo pedía el partido, para poco después mostrar tal entusiasmo ante la posibilidad de que aquel puesto fuera para Sharett. Pero lo entendió perfectamente dos días más tarde, cuando un Ben-Gurión algo menos serio de lo habitual le preguntó qué pensaba ella de la elección de Sharett. Golda le dijo que le parecía bien, pero le preguntó quién se haría cargo del Ministerio de Asuntos Exteriores; en aquel momento el más importante y decisivo del gobierno. La respuesta le permitió entender la jugada: *Tú te harás cargo de eso.*

Hasta ella misma tardó un rato en entender aquella hábil, más bien magistral, jugada de Ben-Gurión. El hecho de que Golda dijera ante toda la cúpula del *Mapai* que estaba dispuesta a aceptar la presidencia fue lo que forzó la broma de Sharett, y eso era lo que Ben-Gurión estaba esperando para convertir la broma en un hecho prácticamente consumado en un segundo, pues Sharett no podía echarse atrás en su oferta, lo que habría resultado un insulto para todos. En ese momento Ben-Gurión acababa de arreglárselas para sustituir al ministro de Exteriores, tan contrario a su política, por la persona que probablemente más se acercaba en todo a sus propios conceptos, era respetada en todo el mundo y sin duda iba a seguir la misma que el primer ministro consideraba la idónea.

Aquel era el ministerio más importante y el puesto de ministro de Exteriores el segundo cargo más importante del país tras el de primer ministro. Golda se daba cuenta de que iba a convertirse en la «Número Dos» de Israel, y en un primer momento le pareció una responsabilidad tan enorme que no se sintió capaz de afrontarla. Pero Ben-Gurión no quiso ni discutir el asunto. Ya tenía decidido el futuro de Golda desde hacía tiempo, y no era aquella una decisión que hubiese tomado a la ligera. Estaba completamente seguro de que aquella mujer enérgica y valiente era la persona más capacitada para representar y defender los intereses de Israel ante el mundo, para lidiar con los hombres más poderosos y astutos de la tierra y para hacerse respetar en todo momento y por todo aquel que se le pusiese delante.

También Sharett tardó un poco en darse cuenta de la jugada de Ben-Gurión, y cuando lo hizo no pudo disimular su rabia y su resentimiento. Había sido «removido» de su importantísimo puesto por su propia culpa, por una frase dicha a destiempo y sin pensar. Ya no había nada que hacer, pues toda la cúpula del país había aceptado aquello y la decisión era ya inamovible. Sólo si Golda se hubiera negado a aceptar aquella responsabilidad, Sharett tal vez hubiera seguido en el cargo, aunque probablemente no por mucho tiempo, porque una serie de errores importantes cometidos durante el tiempo que Gurión estuvo retirado, ahora iban a pasarle factura. Pero Golda no se negó a aceptar el puesto, como nunca se había negado a aceptar un encargo. Moshe Sharett decidió apartarse durante un tiempo de la política, y hasta 1960 no volvería a ella, cosa que hizo aceptando el puesto de presidente de la Agencia Judía, aunque para entonces ya había perdido gran parte de su antiguo prestigio, la mayoría de su poder e influencia.

Es preciso en este momento hacer un inciso para mencionar, siquiera de pasada, uno de aquellos errores en los que Sharett se vio implicado. Fue el de haber sostenido y apoyado a un ministro de Defensa, Pinchas Lavon, que provocó uno de los mayores escándalos de la Historia de Israel por su torpeza e inexperiencia. Nombrado para ese cargo por el propio Ben-Gurión, tanto Golda Meyerson como los más brillantes miembros del *Mapai* en aquel momento, entre ellos Moshe Dayan, jefe del Estado Mayor, y Shimon Peres, director general del Ministerio de Defensa, se oponían a que Lavon ocupara ese cargo para el que no estaba capacitado. Otros altos cargos, como Zalman Aranne o Shaul Avigur trataban también de convencer a Gurión de que aquel hombre no era el idóneo, pero hasta que no cometió un enorme error, una catastrófica misión de espionaje en Egipto que acabó en escándalo internacional, no fue expulsado de aquel cargo. Lavon, tras el desaguisado, quiso además eximirse de cualquier responsabilidad en el mismo asegurando que no sabía nada de aquella operación y cargando la responsabilidad sobre el Servicio de Inteligencia, el *Mossad,* al que acusó de haber planeado aquello a sus espaldas. Pero tuvo que dimitir y eso forzó el retorno de Gurión al Ministerio de Defensa. Aquel asunto fue una de las causas de la ruptura que se produjo entre Ben-Gurión y Golda Meyerson, así como de su dimisión, por segunda y última vez, como primer ministro. Lavon sostenía que quienes habían investigado aquel asunto habían presentado pruebas falsas contra él, y exigió a Gurión que rehabilitara su nombre. Éste se negó diciendo que él personalmente no le había acusado de nada, por lo que de nada tenía que disculparse, y a partir de ese momento el escándalo fue del dominio público y se dirimió en los medios de comunicación, ofreciendo un lamentable espectáculo que molestó sobremanera a los altos cargos del *Mapai* y provocó una grave crisis en el partido. Lavon trató de salpicar a varios altos cargos del ejército, trató de defenderse manchando nombres que eran muy respetados en Israel, y aunque todos en el partido y el gobierno trataron de acallar aquel escándalo para no crear más confusión en el país, Gurión se negó a ello y forzó una investigación judicial simplemente para dejar claro que Lavon era culpable, sin analizar el perjuicio que ello causaba a muchos otros compañeros. Mientras Golda, Sapir y Eshkol intentaban por todos los medios arreglar aquello desde el gobierno y a nivel interno, Gurión seguía exigiendo investigaciones y procesos legales que se difundían a los cuatro vientos, deteriorando notablemente, en opinión de sus compañeros del gobierno, la imagen tanto de Israel en el exterior como la del gobierno dentro del país. Cuando finalmente el comité especial formado para este asunto decidió que no hacían falta más investigaciones y que Lavon no había sido responsable directo de aquel fracaso de años atrás, por lo que debía cerrarse el caso, Ben-Gurión montó en cólera, acusó al comité de haber actuado mal y dimitió, definitivamente, de su cargo de primer ministro. Se enfureció igualmente con todos los miembros del partido que no le apoyaron en ese momento, y descargó toda su ira sobre sus viejos y fidelísimos amigos Eshkol, Sapir... y Golda Meyerson. Tal vez fuera el resultado de tantos años de estar sometido a una presión insoportable, pero el hecho es que el Ben-Gurión que en aquel momento se mostraba como una furia desatada no era en absoluto aquel otro gran líder al que todos habían seguido ciegamente. Golda se enfrentó abiertamente a él para recriminarle su actitud hacia todos sus compañeros y en especial hacia Eshkol, lo que le valió que también a ella Gurión la considerara desde ese momento como a una enemiga. Parecía haber perdido el juicio, haber olvidado las décadas que todos ellos habían luchado y trabajado juntos. Finalmente el gran líder de Israel, el primero de sus «Padres de la Patria», decidió desaparecer y aislarse. Quizá se percató de lo que estaba ocurriendo en su interior, de que la tensión había destrozado sus nervios, pero el hecho es que durante nueve años Golda y él no volvieron a verse ni a hablarse. Finalmente, en 1969, con motivo de una fiesta para celebrar su octogésimo cumpleaños, Gurión invitó a Golda a su casa, pero como no había invitado a Eshkol, ella se negó a asistir pues seguía considerando injusto e insultante el trato que el viejo león dispensaba a su antiguo amigo, que no había sido culpable de otra cosa que de intentar apaciguar una situación peligrosamente explosiva.

Pero retomando el hilo de nuestro relato cronológico, volvamos al verano de 1956, momento en que Golda Meyerson se convirtió en ministra de Asuntos Exteriores de Israel. En ese momento, por indicación de Ben-Gurión, empezó a buscar un nombre «más hebreo» que el de Meyerson, y lo más cercano que pudo encontrar a su nombre real fue el de Meir, que en hebreo significa «iluminada». Así pues, Golda Meyerson pasó a llamarse en adelante Golda Meir con motivo de haber sido nombrada ministra de Asuntos Exteriores. Y así, con su nuevo nombre, pasaría a la Historia.

Sharet se reunió con ella durante varios días para explicarle lo que dejaba en sus manos y renunció a cualquier ceremonia de despedida ni de traspaso de poderes. Por eso Golda tuvo que llegar al ministerio sola en su primer día de trabajo, con un evidente susto en el cuerpo dado que sustituía al diplomático más importante y experto de su país y tenía que empezar a tratar con los hombres más poderosos e importantes del mundo. Lógicamente, sus primeros tiempos en el nuevo cargo fueron una constante mezcla de dudas y sobresaltos, de inseguridades y titubeos, pues cualquier error en aquel puesto era mucho más importante y podría traer consecuencias mucho más graves que un error cometido en otra esfera política. Pero entre Golda y Sharett, lo mismo que entre las personas que formaban los equipos de uno y otra, había diferencias enormes a todos los niveles. Los diplomáticos elegidos por Sharett como embajadores y funcionarios de confianza eran intelectuales educados por lo general en Inglaterra, sofisticados y elegantes, lo cual no era exactamente lo que Golda deseaba para su línea política. Además, la mayoría de ellos permanecían fieles a su antiguo ministro y pensaban que la señora Meyerson, ahora ya Meir, no estaba en absoluto capacitada para el cargo. Pero no se produjo la gran «purga» que algunos preveían, sino que, simplemente, al cabo de unos meses Golda se había adaptado a ellos y ellos a la nueva ministra, y la paz reinaba otra vez en el ministerio.

Una paz interior muy necesaria, pues los tiempos que se vivían cuando Golda accedió al cargo eran especialmente duros. El terrorismo árabe estaba en ebullición, y bandas de *fedayin*, terroristas financiados y entrenados por Egipto, y en especial por su presidente, Nasser, realizaban constantes incursiones en territorio de Israel desde sus bases en Jordania, Líbano y Siria, acosando de forma angustiosa a los colonos de la franja de Gaza. Pero también el resto del país, en cualquier pueblo o ciudad, se producían atentados terroristas prácticamente cada día, perpetrados por los más dispares grupos de activistas árabes de todo tipo. Era la política que todos los árabes seguían desde el fin de la guerra en 1951, la política de acoso constante a los judíos, sin una guerra declarada pero sí abierta y permanente. Egipto era en aquel momento el enemigo más encarnizado de Israel, y como ejemplo de ello baste decir que radio El Cairo dedicaba constantes alabanzas a los *fedayin*, y emitía mensajes como éste a modo de eslógans o jaculatorias: *Llora, oh Israel, el día del exterminio se acerca...*

Golda dedicó sus primeros esfuerzos internacionales a que las Naciones Unidas hicieran algo para detener a los *fedayin*, pero no obtuvo el menor resultado. Nadie parecía dispuesto a enfrentarse a los intereses de los países árabes, y todo eran largas y buenas palabras ante las peticiones de la angustiada señora Meir. Ni el secretario general de las Naciones Unidas Hammerskjöld, ni su sucesor, U-Thant, hicieron prácticamente nada por apoyar a Israel ante las constantes agresiones árabes. Eran los años de la Guerra Fría, años en que tanto Estados Unidos como la Unión Soviética se disputaban los favores de los países árabes y procuraban evitar por todos lo medios provocarles algún disgusto. Situación ésta en la que Israel siempre pagaba los platos rotos. Los soviéticos eran firmes aliados de Egipto, y de hecho le ayudaban en su constante guerra contra Israel; durante años se mantuvo el acuerdo entre Estados Unidos y Rusia que impedía a ambos vender armas a Israel, pero en 1956, cuando Golda explicó a los norteamericanos la realidad de la situación y lo que los rusos estaban haciendo en Egipto, Estados Unidos, aún manteniendo el acuerdo de no vender armas a los judíos, sugirió a canadienses y franceses que verían con buenos ojos que ellos sí lo hicieran. De hecho, Francia ya lo estaba haciendo, había decidido ayudar a Israel por sus propios intereses, aunque su ayuda no podía ni de lejos alcanzar el volumen de la que los soviéticos estaban volcando sobre Egipto. Nasser estaba adquiriendo un poder enorme, nacionalizó el Canal de Suez y firmó una alianza con Siria que duplicaba su potencia militar. El que saltase como un tigre sobre Israel para reducirlo a cenizas, su gran sueño, no era más que cuestión de tiempo, todo el mundo lo sabía y todos preveían una guerra inminente. De nuevo Israel estaba en riesgo de ser eliminado de la faz de la tierra, y una vez más los judíos se veían ante una doble opción que en realidad era una opción única: luchar y defenderse o quedarse quietos y volatilizarse. Y sería importante que fueran ellos quienes en esa ocasión tomasen la iniciativa.

Ahora, con la nacionalización del Canal de Suez que el megalómano Nasser había forzado, entraban en juego otros intereses con los que quizá el nuevo «faraón» no contó cuando tomó su decisión. Francia no estaba dispuesta a consentirlo, y su ayuda a Israel pasó de ser discreta a abierta. Las armas empezaron por fin a llegar en grandes cantidades, y los ingleses no tardaron en unirse a los franceses para preparar una estrategia combinada entre ambos. Francia e Inglaterra estaban dispuestas a recuperar el canal, y eso era lo mejor que podía haberle ocurrido a Israel. Las tornas habían cambiado a causa de la errónea jugada del egipcio Nasser, que iba a pagar muy cara su soberbia. En septiembre de aquel decisivo año de 1956, con Golda recién instalada en su nuevo cargo, Ben-Gurión y ella, acompañados de Moshe Dayan, Shimón Peres y Moshe Carmel, se reunieron en París con el gobierno francés para elaborar la estrategia común.

XXIX. LA FULMINANTE CAMPAÑA DEL SINAÍ

El 24 de octubre, tras regresar del viaje a Francia, comienza en Israel una discretísima movilización de todas las reservas existentes. En el más absoluto secreto se prepara un importante despliegue que no resultó sospechoso, pues todo el mundo creyó que sólo se trataba de neutralizar una incursión iraquí que acababa de producirse desde Jordania. También los egipcios creyeron que era eso lo que ocurría, y por eso no se extrañaron de las concentraciones de tropas israelíes que se produjeron en la frontera jordana. Cuatro días antes de que se iniciara la Campaña del Sinaí ni los más importantes representantes de Israel en el exterior sabían nada de lo que iba a ocurrir. El secreto se guardó a la perfección, y por eso el resultado fue espectacular.

La decisión de llevar la iniciativa fue sin duda la adecuada, pues todo el mundo fue tomado por sorpresa cuando el 29 de octubre estalló una guerra que algunos vaticinaron larga pero que fue, además de una guerra relámpago, un nuevo y sonoro bofetón a la dignidad árabe. El Gobierno de Israel sabía que su única posibilidad de acabar aquella guerra cuanto antes y con el menor número de bajas era hacerla estallar por sorpresa y actuar con la máxima celeridad y precisión. Iba a costar vidas, sin duda, pero muchas menos de las que costaría esperar el ataque abierto y organizado de un Egipto dispuesto al exterminio judío y un mundo árabe que sin duda le apoyaría de forma total. Pero esta guerra no pudo haberse hecho de una forma más inteligente ni más eficaz. Cada uno de los pasos que habían de darse estaba programado milimétricamente y, tal como estaba previsto, empezó al anochecer del 29 de octubre y concluyó, con una victoria total, el 5 de noviembre.

El desarrollo de aquella campaña pasó a la Historia como una operación militar brillante y de asombrosa ejecución. Horas antes de iniciarse, todo Israel estaba ya al tanto de lo que iba a suceder pero nadie abría la boca. Y cuando se dio la orden, en menos de cien horas los reservistas del país, a bordo de la más variada gama de vehículos de todo tipo, desde militares a innumerables coches y motos particulares, camiones de transporte o camionetas de reparto, cayeron sobre los egipcios arrebatándoles de una tacada toda la franja de Gaza y toda la península del Sinaí, un territorio dos veces y media más extenso que el del propio Israel. La derrota de los egipcios no sólo fue total, sino incluso vergonzosa, porque fueron literalmente aplastados. Y no sólo los soldados, sino también los *fedayin*, cuyos campamentos y refugios fueron barridos por sorpresa mientras todos los terroristas resultaban muertos o capturados. En el Sinaí perdieron los egipcios un enorme arsenal y la tercera parte de su ejército quedó reducida a la nada; treinta mil soldados desarmados huyeron a pie por el desierto, además de otros cinco mil que fueron hechos prisioneros... y posteriormente canjeados por el único soldado israelí, uno solo, que fue capturado por los egipcios. Hubo 172 muertos y 800 heridos entre los judíos, y los egipcios no facilitaron cifras.

Pero mientras Israel ganaba su guerra de forma brillante, Francia e Inglaterra perdían la suya en todos los frentes. Su ataque a Suez no fue ni lo contundente ni lo rápido que hubiera sido preciso, y tan pronto se supo lo que estaba ocurriendo se desató la campaña en contra, y en sus propios países se iniciaron las manifestaciones, impulsadas por los partidos de izquierda siguiendo instrucciones de los soviéticos, a la vez que en las Naciones Unidas se dejaban sentir las presiones de los países árabes y, naturalmente, de los rusos. La Guerra Fría seguía vigente, y también los norteamericanos, aunque con la boca pequeña, tuvieron que pedir en la ONU a Israel, junto con los rusos, que abandonaran Gaza y el Sinaí, mientras se forzaba la inmediata salida de ingleses y franceses de sus posiciones en Suez. Si Inglaterra y Francia hubieran realizado su operación con más eficiencia, las manifestaciones en ambos países se hubieran visto muy minimizadas y los acontecimientos futuros en todo Oriente Medio hubieran sido diferentes, pero aquella torpeza dio pie a una situación nueva y complicada, en la que una vez más los judíos se veían solos contra todos los demás. Aunque, eso sí, ahora con la guerra ya ganada, mucho más fuertes ante el terrorismo y con la amenaza egipcia convertida en humo.

Las presiones para que Israel abandonase los territorios recién conquistados fueron intensificándose de forma abrumadora a lo largo de los cinco meses siguientes; la batalla que se libraba en las Naciones Unidas se hacía más encarnizada con el paso de los días, pero Israel apenas tenía apoyos en aquella lucha y tuvo que ceder. Cedió, pero quizá no debía haberlo hecho, pues sólo se consiguió con ello prolongar la situación de acoso por parte de los árabes y dar nuevos bríos a las bandas terroristas, además de aparecer como «los malos de la película» ante los desinformados países en los que las campañas de intoxicación antijudías, financiadas por los países árabes, ofrecían una versión completamente falsa de lo que ocurría en realidad en Oriente Medio. En diciembre de 1956 Golda Meir inició en las Naciones Unidas la batalla para tratar de mantener sus posiciones en Gaza y el Sinaí. Había comprobado la importancia del despliegue bélico que los egipcios habían organizado allí, y sólo tras haberlo visto pudo comprender el enorme peligro que su país acababa de correr en medio de la más completa ignorancia. En su discurso en la ONU, Golda se volcó en explicar al mundo el por qué de aquella guerra y las razones que existieron para tener que librarla, así como los motivos que Israel tenía ahora para defender sus derechos sobre los territorios conquistados y, con esa seguridad ganada, comprometerse a seguir una política de cooperación y no agresión. Expresó también la decisión absoluta de todo el pueblo israelí de no permitir jamás esa destrucción que los países árabes profetizaban y anunció que el tiempo de las amenazas había pasado, la guerra la había ganado Israel, por dos veces, pero quienes seguían amenazando y utilizando la violencia eran los árabes, a los que, sin embargo, de nuevo les tendían una mano para una futura convivencia pacífica.

Fue un discurso largo e intenso, pero fue como si lo hubiera pronunciado en el desierto. Nadie sugirió siquiera la posibilidad de hacer algo de lo que Golda había propuesto, poner en práctica alguno de aquellos planes posibles. Pasaban los meses perdidos en discusiones mientras, poco a poco, Israel se retiraba gradualmente de Gaza y el Sinaí, forzado por las cada vez más intensas presiones. Y el 3 de marzo de 1957, con la evidencia de que todo era una pérdida de tiempo y energías, Golda anunció que el gobierno de Israel se retiraría de la franja de Gaza y de la zona de Sharm-el-Sheikh en cuanto recibiera la garantía de que, tras la retirada, se mantendría un derecho de libre navegación para Israel y para todas las naciones del mundo en el golfo de Aqaba y el estrecho de Tirán. Sin embargo, tras la intervención de Golda y haber escuchado su oferta, el representante norteamericano hizo un sorprendente anuncio tras el cual se ocultaba la decisión de que los egipcios volvieran a la franja de Gaza. Y los judíos tuvieron que resignarse a volver a empezar, sólo que ahora contando con la ventaja de haber acabado con los *fedayin*. Finalmente Golda comprendió que, al menos en aquellos momentos, seguir luchando y discutiendo no valía la pena.

XXX. TIEMPO DE RELACIONES

En aquellos años como ministra de Exteriores de Israel, Golda Meir habló y discutió con muchos de los más importantes políticos de la tierra; cuando no se cruzaba en un pasillo con Nasser sin que ninguno de los dos se decidieran a dirigirse la palabra, podía mantener una charla con el mariscal Tito o una reunión con John F. Kennedy, Johnson o De Gaulle. Mantuvo excelentes relaciones con Kennedy, con quien de hecho ella estableció un pacto no escrito que se mantiene prácticamente hasta hoy. J.F.K., y Golda Meir se entendían a la perfección, y a él le encantaba mantener con ella conversaciones de horas, en las que poco a poco la embajadora israelí le iba empapando de la Historia de los judíos, la nueva Historia, la del país que ella había ayudado a crear y ahora se comprometía a cuidar. Tras una de aquellas conversaciones Kennedy tomó la mano de Golda y le dijo: *Comprendo, señora Meir. No se preocupe. Nada le sucederá a Israel.*

También mantuvo una buena relación con Lyndon B. Johnson, que apoyó a Israel cuando se negó a volver a las líneas anteriores a 1967 a no ser dentro de un acuerdo de paz; de hecho, lo cierto es que a partir de Kennedy las relaciones entre Israel y los Estados Unidos mejoraron constantemente y se mantuvieron cada día más sólidas; también el final de la Guerra Fría sería importante para ese gran cambio, pero en todo caso aquella frase de Kennedy parecía profética.

Otro personaje muy especial con quien Golda mantuvo una relación ciertamente positiva y que tuvo una gran importancia para Israel fue Charles De Gaulle. Lo había conocido en 1958, cuando el embajador de Israel en París la convenció para que fuera a verlo. También con el general hizo muy buenas migas Golda desde el primer momento, cosa nada sencilla pero que resultó providencial. Se entendieron maravillosamente pese a que el entonces ministro de Exteriores francés, Maurice Couve de Murville, proárabe hasta la médula, muy probablemente trató de enfriar los ánimos de su presidente. De nada le sirvió, pues tras media hora de conversación De Gaulle y Golda habían establecido, como en el caso de Kennedy, un pacto no escrito por el que el presidente francés se comprometía a una sólida y duradera amistad con Israel. Años más tarde, recuerda Golda en sus memorias, volvió a verlo en una cena tras el funeral de J.F.K., y allí pudo ella experimentar la emoción de que el general, que jamás se acercaba a nadie, atravesara todo un salón para dirigirse a ella y decirle que se alegraba mucho de volver a verla de nuevo, dejando boquiabiertos a todos los presentes, empezando por la propia Golda.

En aquellos apasionantes años en el cargo de ministra de Exteriores conoció Golda Meir a otros muchos hombres importantes, interesantes y dignos de pasar a la Historia. Trabajó intensamente en su lucha contra las políticas antisemitas que se habían desarrollado en muchas partes del mundo simplemente porque sólo conocían la versión árabe y habían sido bombardeados con las campañas financiadas por el petróleo; aunque poco a poco Golda conseguía ir abriendo embajadas en países como Ceilán (hoy Sri Lanka), Japón o Birmania, y consulados en India, Filipinas o Thailandia. Pero un país tan importante como la República Popular China, a la que Israel había sido uno de los primeros países en reconocer, no tenía interés alguno en mantener unas relaciones bilaterales, y otros países, como Pakistán o Indonesia, de mayoría musulmana, le cerraban las puertas herméticamente sin más explicaciones, que por otra parte no eran necesarias.

Conoció a la práctica totalidad de los presidentes del mundo, incluidos los de todos los países africanos, y fue ella quien, poco a poco, impulsó más de doscientos programas de desarrollo en más de ochenta países. Numerosos expertos israelíes en distintos campos fueron destinados en diferentes puntos de África entre 1958 y 1973 para colaborar en proyectos destinados a mejorar o simplemente a crear en aquellos países extremadamente necesitados. Meir tuvo en aquellos años la ocasión de entablar relaciones, mejores en unos casos que en otros, con líderes como Haile Selassie, Kenneth Kaunda, Milton Obote, Mobuto Sese Seko, Idi Amin Dadá, Jomo Kenyatta... Todo tipo de líderes, en suma, del África musulmana o negra, unos de ellos dictadores sanguinarios, otros ancianos sabios que deseaban la paz y la buscaban por los más variados caminos. Viajó prácticamente a todos los países africanos recorriendo y conociendo en directo los problemas de un continente en plena ebullición y los peligros que cada país podía representar para Israel a través de las innumerables manipulaciones y presiones a las que los intereses de la política internacional podían someter en cada momento a cada una de aquellas naciones. Porque, de hecho, hubo momentos en que Israel llegó a estar sólo frente a la práctica totalidad de los países africanos.

Golda recordaba aquellos años como la etapa más dura de su vida. Visitó prácticamente todo el mundo, fue nombrada *Doctor Honoris Causa* por universidades remotas, desde América a Japón, desde China a Birmania... pero no podía llevar una vida familiar siquiera remotamente semejante a la de cualquier otra persona, y ardía en deseos de poder pasar un par de días junto a sus hijos y nietos. Sarah no quería abandonar Revivim y se negaba a acompañarla en sus viajes pese a que Golda insistía en ello de cuando en cuando, y Menahen, que ya tenía tres hijos con su esposa Aya, se mostraba aún menos dispuesto que su hermana a acompañar a su madre en sus periplos africanos. Golda traía para sus nietos, Ammon, Daniel y Gideon, todos los regalos más extraños que encontraba en sus viajes, y para sus hijos compraba obras de arte de los puntos más remotos del globo, pero apenas tenía después un rato para ir a llevárselos. Entre 1964 y 1966 su vida fue absolutamente agotadora, por lo que no resulta extraño que enfermara varias veces. La permanente situación de tensión nerviosa, la enorme carga de responsabilidades que llevaba sobre ella y la incertidumbre sobre qué podía pasar al minuto siguiente acabaron haciendo mella en su casi indestructible espíritu, y Golda se vio obligada a ralentizar en cierta medida su insostenible ritmo de actividad. Y en 1965, tras la campaña electoral de aquel año, que la agotó casi por completo, la propia Golda se dio cuenta de que tendría que dar un cambio rápidamente o correr el riesgo de unas consecuencias cuyo alcance no conocía pero podía imaginar. Fuertes dolores de cabeza la atacaban cada vez con más frecuencia, mientras su corazón empezaba a dar muestras de fatiga. Estaba muy cansada y además desmoralizada, porque eran los años en los que el escándalo Lavon, al que nos referimos unas páginas atrás, estaba en pleno apogeo, y también los peores momentos de su relación con Ben-Gurión, de hecho tan agotado como ella misma. Además, su hermana Sheyna estaba mal de salud... todo acabó uniéndose para que Golda tomase una decisión: dimitir de su cargo de ministra de Asuntos Exteriores. Siete años habían sido suficientes, y ahora quería dejar su puesto a un Abba Eban que llegaba con renovadas energías. El entonces primer ministro, Eshkolh, le ofreció la vicepresidencia del gobierno, pero Golda estaba en aquel momento demasiado cansada y no quería más que estar con sus nietos, sin pisar un salón de reuniones *ni volver a ver un aeropuerto en varios años*, según le dijo a Eshkolh. Pasó unos cuantos meses descansando y organizando la que pensaba que iba a ser su vida futura, la de una anciana abuela retirada que se dedicaría exclusivamente a sus hijos y nietos.

Se buscó una casita en Tel-Aviv junto a la de Menahen y organizó su complicada mudanza con la ayuda de sus hijos. Había reunido objetos y regalos procedentes de todos los rincones del mundo y suficientes como para organizar una enorme exposición de Arte; dejo al gobierno lo que consideró que era para el país y se llevó sólo los recuerdos personales, los regalos que se le habían hecho a ella exclusivamente. Y el resto de aquel año de 1965, el año del retiro de Golda Meir, transcurrió de una forma bastante feliz y tranquila; fueron unos meses durante los que la infatigable líder pudo por fin reponerse de más de tres décadas de actividad al límite de la resistencia humana. Se sentía, según recordaría después, como si la hubieran liberado de una cárcel, como si por primera vez en su vida supiera lo que es disfrutar de la tranquilidad y de poder hacer en cada momento lo que le viniera en gana: leer, pintar, visitar a sus nietos, cuidar un jardín... Y tan intensa fue esa sensación, que su recuperación lo fue también. Más rápida e intensa de lo que ella misma hubiera sospechado nunca. Porque Golda, de hecho, no había nacido para estar en una casita de campo leyendo o comportándose como una abuela como las demás. A todo el mundo le chocaba un poco verla entrar en una tienda a comprar el pan o un poco de fruta, verla ir de acá para allá sin sus guardaespaldas, sin el impresionante séquito que cualquier dirigente de Israel precisaba en aquellos años —y sigue precisando, sin duda— pero, poco a poco, todo el mundo se hizo a la idea de que la señora Meir era ya una más entre los vecinos de aquel barrio de las afueras de Tel-Aviv.

No obstante, Golda no había podido liberarse por completo de todas las cargas de su vida anterior; aunque ya no tenía que ir a reuniones, no tenía que viajar ni que tomar decisiones drásticas a cada momento, aún seguía siendo miembro de su partido, al que dedicaba el tiempo que le apetecía, sin verse obligada a trabajar un determinado número de horas. Pero, como era de esperar, la situación de tranquilidad no duró mucho.

Primero fueron sus compañeros del *Mapai* quienes le suplicaron que volviera a su despacho en la ejecutiva del partido para ayudarles a superar la crisis que el escándalo Levon había originado. Los laboristas de Israel estaban divididos, y aquel era un buen momento para intentar la unificación de las diferentes ramas o tendencias que se habían formado a raíz de la escisión del *Rafi,* el partido de Ben-Gurión y Moshe Dayan, además de las que ya existían de antiguo. Sólo alguien como Golda Meir podría acometer la tarea de tratar de unificar todo el laborismo israelí bajo un solo partido, y eso era lo que ahora se le pedía que hiciera. Y Golda pensó que ésa era la única petición que no podía rechazar, pero que cuando consiguiera realizar esa unificación volvería a su tranquila vida de jubilada. Así que abandonó «momentáneamente» su nueva vida para volver a la vorágine de siempre, pero al menos ahora llegaba en mucho mejor estado, descansada y recuperada de su total agotamiento de meses antes.

XXXI. JUNIO DE 1967: LA GUERRA DE LOS SEIS DÍAS

Pero, además, había otra serie de nuevas circunstancias que empujaron a Golda a tomar esa determinación; más allá de su interés por el partido estaba su temor a una evidencia que cada día se hacía más temible: los árabes, en 1966, se preparaban ya para una nueva guerra contra Israel, y eso a la señora Meir no se le escapaba en absoluto. Los acontecimientos que se estaban produciendo eran, de hecho, casi idénticos a los que se habían desarrollado poco antes de la Campaña del Sinaí. De nuevo las bandas de terroristas o simples maleantes atacaban constantemente Israel desde Gaza y Jordania, y una nueva organización, llamada *Al Fatah*, cuya única actividad era el terrorismo puro contra Israel, había nacido un años antes y se había desarrollado rápidamente con poderosas ayudas exteriores. Su líder, Yassir Arafat, tenía como única meta la destrucción de Israel, y recibió todo tipo de apoyos tanto económicos como mediáticos para la puesta en marcha de la Organización para la Liberación de Palestina, que pese a ser una simple organización terrorista fue acogida en algunos países, naturalmente los proárabes, como una especie de organización heroica que se utilizaba, además de para perpetrar atentados extremadamente sangrientos, como icono mediático para la campaña proárabe que nunca decaía. De nuevo Egipto y Siria habían establecido un pacto de actuación conjunta, un mando egipcio-sirio para las operaciones que se avecinaban, y habían invertido una enorme suma de dinero en la compra de nuevas armas para la futura campaña. También la Unión Soviética se volcaba en constantes envíos de dinero y armas a los Estados árabes... todo prácticamente igual a lo que había ocurrido antes de la Campaña del Sinaí.

La situación empeoró definitivamente cuando la Unión Soviética, que actuaba coordinadamente con los árabes, se equivocó en sus cálculos y acometió antes de tiempo su avalancha de acusaciones sosteniendo que Israel se estaba preparando para atacar Siria. Una acusación tan absurda como infundada, pero que cumplía con los propósitos de quien la hacía: preparar el terreno para un «ataque defensivo». Las Naciones Unidas investigaron y acordaron que aquella acusación era infundada, pero los soviéticos siguieron preparando su ataque y montando su campaña publicitaria por todo el mundo preparando una vez más el terreno para otro intento de acabar con Israel... y para un nuevo ridículo histórico de la alianza soviético-árabe.

El acoso de las bandas de saqueadores y terroristas financiadas por Siria y Egipto y armadas por los soviéticos se hacía cada vez más intenso en la zona de Gaza, y cuando las cosas llegaban a un punto ya insoportable para los judíos que habían de sufrir aquellos ataques, la aviación israelí realizaba operaciones de castigo sobre los campamentos terroristas. Pero las cosas se pusieron definitivamente muy mal cuando en abril de 1967 una de aquellas operaciones acabó convirtiéndose en una batalla aérea contra la aviación Siria, que acudió en ayuda de los terroristas y de hecho aprovechó aquella circunstancia para poder presentar el caso como una grave agresión israelí. Seis *Mig* sirios fueron abatidos por los aviones israelíes y naturalmente al instante se alzaron las voces de los aliados de Moscú, que afirmaban que Israel preparaba un ataque a gran escala contra Siria, sin mencionar ni por un momento que aquella batalla se había debido a que los sirios llegaron a ayudar a las bandas terroristas y que fueron ellos quienes atacaron a los aviones judíos, si bien también fueron ellos los perjudicados. De hecho, aquel incidente se preparó con cuidado para provocar la guerra que se estaba gestando y que estalló finalmente en junio de 1967.

Pese a todas las conversaciones, mediaciones y declaraciones de intenciones sobre arreglos y paz, los árabes estaban firmemente decididos a forzar aquella guerra, pues en esa ocasión estaban seguros de que podían vencer y de que Israel no iba a arrasarlos una vez más. Con la excusa de que los sirios estaban desesperados ante los injustificados ataques judíos, Nasser volvió a enviar sus tropas a la frontera y la Unión Soviética tomó sus medidas y estrategias ante el mundo para que la guerra no se retrasase más. Y Nasser, el líder árabe que más odió a Israel, cometió el mismo error que años antes y de nuevo ordenó la difusión de mensajes apocalípticos que finalmente sólo servirían para demostrar la total inferioridad de Egipto, el teórico «gigante» árabe, respecto a Israel:

Egipto, con todos sus recursos, está pronto a lanzarse a una guerra total que será el fin de Israel.

Con este mensaje, Nasser volvía a sellar su destino. Tras las amenazas, el 16 de mayo, el presidente egipcio exigió en las Naciones Unidas la retirada inmediata de Israel de la franja de Gaza y de Sharm-el-Sheik, exigencia que sabía inasumible pues hubiera supuesto la inmediata invasión de Israel por las tropas árabes, pero cuya exposición le servía como excusa para las inmediatas actuaciones que iba a emprender. También exigió que la fuerza de la ONU que estaba destacada allí desde 1956 fuera inmediatamente retirada, y ante la gravedad de la situación el secretario general, U Thant, cedió a las presiones árabes y retiró aquella fuerza de paz, que hubiera sido un estorbo para los planes árabes de invasión que se estaban poniendo en marcha. El 19 de mayo las últimas tropas de la ONU abandonaban Gaza, dejando la frontera con Israel en manos del control egipcio.

Todo era ya exactamente igual a lo que había ocurrido poco antes de la guerra anterior. Retirar las tropas de la franja de Gaza y del Sinaí era el preludio de la inminente guerra, pero nadie parecía acordarse de lo que había pasado unos pocos años antes, así que Israel tuvo que volver a actuar, de nuevo, en consecuencia. Mientras, Nasser seguía presionando para dar al mundo una falsa imagen de lo que estaba ocurriendo en realidad; de nuevo estableció un bloqueo en el estrecho de Tirán, pese a que más de veinte naciones habían garantizado a Israel el derecho de navegación a través del golfo de Aqaba, entre ellas Estados Unidos, Inglaterra, Francia y Canadá. Pero Nasser hizo oídos sordos a las inmediatas protestas, lanzado en la recta final hacia la guerra. Pese a que el Consejo de Seguridad de la ONU se apresuró a reunirse para tratar de salvar la explosiva situación, los soviéticos se aplicaron a bloquear cualquier posibilidad de arreglo. Nasser, entre tanto, llegaba al punto álgido de su megalomanía, y para entonces parecía haber perdido ya completamente la razón. Su única meta en la vida era llegar a ser líder máximo del mundo árabe, el salvador del Islam y todos esos eternos latiguillos que los dictadores árabes más desaforados se ponen siempre como títulos honoríficos otorgados por la Historia, cuando no son otra cosa que simple autobombo cargado de infantilismo. Finalmente, para soslayar la innumerable catarata de discusiones que se originaron en todos los foros del mundo, Nasser puso su punto final a aquella batalla dialéctica y cerró la puerta a cualquier posibilidad de arreglo, y lo hizo con estas palabras:

-*Nos proponemos la destrucción del Estado de Israel. No se trata de la cuestión de Aqaba, el estrecho de Tirán o las tropas de la ONU en Gaza... Se trata de la agresión contra Palestina que tuvo lugar en 1948.*

El líder egipcio estaba convencido de que iba a ganar aquella guerra, y era tal su seguridad que se arriesgó a pronunciar estas palabras ante el mundo entero sin medir las consecuencias de lo que ocurriría si no ganaba esa guerra que iba a desencadenar. Pero la suerte estaba echada, y el primer día de junio de 1967 más de 100.000 egipcios, seis brigadas sirias y más de 1.200 tanques de ambos países estaban desplegados en la frontera. También Hussein de Jordania había decidido finalmente, tras enormes dudas, apoyar a Nasser, prestándole otras siete brigadas y otros 270 tanques para añadir a sus fuerzas, mientras Iraq, que aún recordaba el escarmiento anterior, se sumaba también a última hora impresionado por las bravatas de Nasser y ante la seguridad de que la ayuda soviética haría imposible perder aquella guerra. Ningún país árabe quería quedarse fuera a la hora de repartir la gloria de haber destruido Israel.

Lógicamente, aunque Golda no formaba parte del gobierno en aquellos momentos, fue inmediatamente requerida para ayudar a hacer frente a aquella gran crisis. Y naturalmente, ella acudió a la llamada al instante. Israel no quería aquella guerra; de hecho, nadie en el mundo salvo los árabes y sus aliados la querían, pero parecía imposible evitarla. Se pidió a Golda que hiciera uso de todas sus influencias y de su enorme legión de amistades en todo el mundo para ayudar a una ofensiva diplomática encaminada a detener aquella escalada demencial, y ella hizo lo que pudo. No se pidió ayuda militar ni a Estados Unidos ni a Inglaterra, Francia o cualquier otro país que hubiera podido considerarse amigo, pero tampoco éstos estaban dispuestos a colaborar militarmente, así es que de poco hubiera servido. El interés que mostraba la Unión Soviética era suficiente como para quitar a cualquiera las ganas de intervenir en aquel momento en ayuda de Israel... que se veía, como siempre, solo al final del camino. Y, también como siempre, forzado a defenderse como pudiera. Esta vez nadie tenía la menor seguridad sobre lo que podría pasar, parecía demasiado evidente que el mundo iba a permitir la destrucción de Israel sin mover un dedo y parecía igualmente evidente que en esta ocasión la superioridad en hombres y armas que disfrutaban los árabes iba a resultar decisiva. La seguridad que Nasser mostraba parecía dar a entender que tenía la certeza absoluta de conseguir una victoria rápida... pero pese a todo ello había que luchar. Lo contrario hubiera supuesto la inmediata destrucción de Israel. Así que los judíos, con la seguridad total de que habría guerra, volvieron a convertirse en un solo ente, un ser único que juntaba cada una de sus moléculas para construir un gigante obligado a sobrevivir.

Las semanas anteriores al estallido de la guerra, Israel volvió a vivir lo que tantas veces antes ya había experimentado: esa absoluta solidaridad que era lo único capaz de hacer sentir a los israelíes una cierta sensación de seguridad. Dos millones y medio de judíos acostumbrados a vivir entre infinitos problemas, muchas estrecheces y sacrificios cuando era necesario, hombres y mujeres que tenían muchos y muy variados puntos de vista sobre todo, desde la política a la cultura, la ciencia e incluso la religión... pero que cuando era necesario dejaban a un lado esas diferencias y se unían en una lucha común. Incluso muchos miles de judíos que habían viajado fuera del país se apresuraron a volver para estar allí cuando la guerra estallase. Nadie quería quedarse fuera de la lucha común. Todos los judíos del mundo volvieron una vez más a mirar hacia Israel y a darse cuenta de que, si desaparecía, su país habría desaparecido esta vez para siempre. Miles de jóvenes judíos de todo el mundo acudieron a embajadas y consulados para tratar de viajar a Israel y alistarse, y mientras mayor era el número de fuerzas árabes que se amontonaban en las fronteras y mayor el riesgo que Israel corría, mayor era también el compromiso de los judíos con su país.

Era la madrugada del 5 de junio de 1967. Durante todo el día los aviones israelíes hicieron algo que los árabes no esperaban: arrasaron todos los aeródromos egipcios donde los aviones árabes esperaban la orden de despegar para atacar Israel. No pudieron hacerlo, porque una vez más la estrategia judía fue más inteligente y sus soldados más rápidos. En sólo seis horas los aviones israelíes destruyeron más de cuatrocientos aviones árabes e inutilizaron otros trescientos, todos estacionados en aeródromos egipcios, sirios y jordanos, con lo que el espacio aéreo sobre el Sinaí quedaba absolutamente controlado por Israel. Lo peor había sido superado, y la guerra ya tenía otro cariz. Por grande que fuera el número de tanques y numerosas que fueran las tropas de tierra, los árabes ya no tenían aviones y estaban a merced de los cazas israelíes. Tras seis sorprendentes horas, la superioridad absoluta estaba ahora del lado judío para sorpresa de los mismos judíos, que acogieron la noticia con asombro.

También las fuerzas de tierra, aprovechando el estupor creado por la aviación, habían asestado un buen golpe aquel primer día de la guerra. El ejército judío, apoyado por la aviación, se había introducido en el Sinaí tomando por sorpresa a las tropas allí acantonadas, y también la batalla de los blindados estaba siendo ganada por las tropas judías que avanzaban irremisiblemente hacia el Canal de Suez machacando cuantos tanques árabes encontraban a su paso. En unas horas, la aplastante superioridad israelí se había demostrado otra vez evidente, como ya lo había sido en la guerra anterior, y otra vez cinco ejércitos árabes bien armados estaban haciendo el ridículo ante el mundo entero apaleados como si de una banda de desarrapados salteadores de caminos se tratase.

Nasser había firmado su propia sentencia y Hussein lo hizo prácticamente a la vez, cuando el mismo día 5, a la vista de la catástrofe que ya se vislumbraba, ordenó bombardear Jerusalén —sin preocuparse en absoluto por los ciudadanos ni las iglesias árabes que allí existían—, y los asentamientos judíos en la frontera entre los dos países. Y nada más iniciarse el ataque jordano Israel contraatacó, con lo que Hussein sólo consiguió ser desalojado de la parte oriental de Jerusalén. Los jordanos, durante su ataque destruyeron iglesias —que utilizaron como emplazamientos de ametralladoras y baterías—, arrasaron la ciudad vieja, profanaron cementerios y asesinaron a sus propios compañeros árabes, pero lo único que consiguieron fue cosechar una dolorosa derrota. A los dos días de iniciada la guerra, Jordania había sido completamente derrotada, y al día siguiente Egipto seguía el mismo camino. Tres días habían bastado para que Nasser sembrase de muerte y dolor su propio país y enterrase el ochenta por ciento de su ejército en el desierto, sin otra esperanza que la de que sus explicaciones fuesen suficientes para que sus compatriotas no lo declarasen único culpable de aquella vergonzosa derrota. También a los tres días el gobernador de la franja de Gaza se rendía y los judíos tomaban posiciones en la orilla oriental del Canal de Suez, controlando el estrecho de Tirán. Israel hizo más de seis mil prisioneros egipcios, aunque Egipto reconoció haber perdido más de 10.000 soldados y 1.500 oficiales. Y tras acabar con las fuerzas de Egipto y Jordania, el día 9 le tocó el turno a Siria. Y en seis días, la guerra terminó con una derrota total de los árabes y una victoria igualmente absoluta de los israelíes. Y, naturalmente un ataque de rabia igualmente notable de los soviéticos y los Estados árabes que, sin haber participado directamente en la guerra, estuvieron detrás de ella. Nasser asumió personalmente aquel sonoro fracaso, dimitió como presidente de Egipto, aunque poco después le convencerían de que volviera, con el apoyo total de los soviéticos, que veían en él al único líder árabe lo suficientemente fanático como para seguir con su obsesión de atacar a Israel una vez y otra, a costa de lo que fuera. La URSS sabía que no le habría sido fácil encontrar un líder más inconsciente e incontinente y por eso volcó en él todo su apoyo. La mayor parte del dinero y las armas que iban a reemplazar las pérdidas de aquella catastrófica Guerra de los Seis Días iban a ser para Nasser, como medio para convencerle de que siguiera al servicio de los soviéticos.

También fueron muchas las víctimas que Israel tuvo que dejar sobre el campo de batalla para ganar de nuevo su libertad y garantizar su futuro. El país había luchado solo y había vencido, y quienes teóricamente eran sus amigos y no habían hecho nada en aquel momento de peligro, tampoco podían ahora emitir juicio de valor alguno ni opinar sobre la cuestión. Así que en torno a las lágrimas de ira de los enemigos de Israel se extendió el silencio avergonzado de sus teóricos amigos. No existía esta vez, ni siquiera entre los propios judíos, esa sensación eufórica que en buena lógica entra en las almas de los pueblos que acaban de ganar una guerra y que ven que ha crecido y se ha reafirmado su seguridad; en esa ocasión la tristeza y la angustia primaban sobre el optimismo y la alegría. Pero poco a poco la normalidad fue volviendo al país y aquella tristeza del fin de la guerra fue desapareciendo a lo largo del verano, en unas semanas en que el optimismo volvió a los corazones de judíos y palestinos residentes.

Pero en aquel verano, a pesar del correctivo recibido, los países árabes volvieron a reunirse y volvieron a reafirmar su política: el Estado de Israel no se reconocería, y por tanto no habría paz ni negociaciones. Sólo la exigencia de que los judíos se retirasen inmediatamente de los territorios conquistados durante la Guerra de los Seis Días, mientras las organizaciones terroristas iban más lejos: Israel debía ser destruido en cualquier caso. Todo ello, lógicamente, provocó que Israel, en ese momento, acabase también por su parte con las ofertas de paz y negociación que durante años había venido haciendo a los países árabes. Si los árabes se negaban a la negociación y la paz,

Israel renunciaría también a la paz, pero no a su seguridad. Los árabes que vivían en Israel seguían haciéndolo como antes de la guerra y recibiendo igual trato, por lo que eran los únicos árabes que sí querían la paz, pero como estaban siendo instrumentalizados por el resto de los países interesados en acabar con Israel, también ellos mismos eran víctimas de las campañas de intoxicación y del terrorismo organizado para hacer imposible la vida en común entre judíos y árabes palestinos. Eran casi un millón de árabes en aquel momento, y estaban tan dispuestos como el propio Israel a someterse a un arbitraje de la ONU que resultara lo suficientemente justo para todos.

Las campañas informativas proárabes siguieron mostrando al mundo la visión sesgada de siempre, haciendo aparecer a Israel como el malvado de la historia mientras los árabes no aceptaban la Resolución 242 de Naciones Unidas, que podía haber resuelto gran parte de los problemas en la zona. Su política seguía teniendo un único objetivo: la destrucción de Israel.

De cualquier forma, tras aquel movido verano de la Guerra de los Seis Días Israel afrontaba otro invierno duro y peligroso, y Golda Meir tenía por delante la tarea que ya había aceptado: la de unificar el Laborismo de su país en un solo partido. Como casi siempre, consiguió su propósito, y en enero de 1968 se formó el gran Partido Laborista de Israel que se perseguía. Hecho esto, en julio de aquel año Golda decidió volver a su vida de abuela retirada y abandonó de nuevo la política pero no de una forma total: se fue a Estados Unidos para ver a su hijo Menahen y, de paso, vender una nueva tanda de bonos pro-Israel, pues otra vez en el horizonte se avizoraban negras nubes de peligro. Los soviéticos habían sufragado las pérdidas árabes de la Guerra de los Seis Días, habían repuesto las armas destruidas y estaban azuzando a los árabes a una nueva guerra. Esta vez no era el megalómano Nasser, sino unos furibundos miembros del Politburó soviético quienes se habían convertido en los mayores enemigos de Israel, sin una razón concreta salvo sus intereses geopolíticos forzados por los mapas de la Guerra Fría. Nasser, que seguía al frente de Egipto aunque había perdido el respeto de la mayor parte de sus «súbditos», seguía mostrándose como el loco megalómano que siempre fue, aunque ahora con más humildad, dado el varapalo que su amor propio se había llevado poco antes. Pero seguía gritando allá donde querían escucharle que pronto atacaría de nuevo, que acabaría con Israel definitivamente y que, de momento haría una guerra de desgaste, política que, de hecho, puso en práctica en la primavera de 1969. Por eso Golda fue a proveer a su país de más fondos en América, y una vez más los trajo. Había que acabar de nuevo con la creciente plaga de grupos terroristas financiados por Nasser o los soviéticos, que cada día proliferaban con mayor rapidez y peligro en todas las zonas fronterizas del país; entre *Al Fatah* y Nasser, las vidas de los israelíes eran un continuo sobresalto, pero como sus nervios eran ya capaces de resistir casi todo, apenas parecía darse importancia en la vida cotidiana del país a aquellos «inconvenientes». Los terroristas, por su parte, comprobaban que no podían convencer a los árabes residentes en Israel para que lucharan contra los judíos, porque estos árabes ya habían aprendido que su nivel de vida era muy superior al de cualquier otro país de la zona, y no estaban dispuestos a cambiar su relativa prosperidad por la abrumadora miseria a que estaban acostumbrados antes y a la que sin duda volverían si tenían que ser de nuevo administrados por otros árabes. Fue entonces cuando las organizaciones terroristas árabes empezaron a llevar la muerte fuera de Israel, a hacerse escuchar mediante sus sangrientos atentados en distintas partes del mundo. Su fracaso en Israel era total, y por eso las bandas asesinas más miserables, desde *Al Fatah* a *Septiembre Negro*, con sus líderes más sangrientos al frente, desde el carnicero Abu Nidal hasta el no menos criminal Yassir Arafat, empezaron a hacer campaña a todo lo largo y ancho del mundo, asesinando indiscriminadamente allá donde mejor les venía y siempre apoyados por poderosas campañas de intoxicación financiadas por las URSS, dinero que los partidos de izquierdas de Europa y Asia utilizaban para presentar a aquellos grupos de asesinos como organizaciones poco menos que humanitarias que luchaban por la liberación de su país.

XXXII. SEÑORA MEIR, PRIMERA MINISTRA

Y cuando las circunstancias nuevamente dejaron entrever una inminente vuelta al infierno de la guerra, los más importantes políticos de Israel decidieron recurrir a una persona que veían como una de las pocas capacitadas para afrontar la nueva oleada de terror y muerte. Y de nuevo acudieron a Golda Meir, pidiéndole que volviera a la vida política y se presentara a las elecciones que se celebrarían en el siguiente otoño. Y para empeorar la gravedad de la situación, el 26 de febrero Leví Eshkol murió de un ataque cardíaco. Golda había estado con él la noche antes analizando el estado de las cosas, y ciertamente el panorama era preocupante. Pero ahora, con el primer ministro muerto, la situación era crítica. Se celebró una reunión de emergencia del Gabinete en la cual el viceprimer ministro, Yigal Allon, asumió interinamente el cargo de primer ministro. Horas más tarde, varios miembros del gobierno se presentaban en casa de Golda para decirle que todos habían acordado que ella era la persona adecuada para ostentar el cargo de primer ministro de Israel, pues era la única persona dentro de su partido con el suficiente prestigio y la suficiente entidad como para ser aceptada por la inmensa mayoría. Golda aceptó, con serias dudas, someter la propuesta a votación, porque las cosas no estaban como para entrar en discusiones bizantinas y ella acabó tomando aquella oferta como un encargo más dentro de los muchos que había recibido en su vida política, una tarea más a la que debía hacer frente. Habría elecciones en octubre, y hasta entonces podría asumir aquel papel de forma interina siempre que hubiera consenso sobre ello, pues sabía que otros partidos, como el *Rafi* de Moshe Dayan y Shimón Peres, no estaban muy de acuerdo con tenerla como primera ministra durante aquellos meses. De hecho, había mucha gente en Israel que no mostraba entusiasmo alguno a que, como la propia Golda decía, *una abuela de 70 años estuviera al frente del país,* pero Golda preveía que, si no aceptaba aquel cargo, la situación podía acabar siendo explosiva y con serios enfrentamientos entre Dayan y Allon, dos hombres cuyas líneas políticas diferían cada día de manera más evidente, así que el hecho de aceptar la presidencia durante unos meses sería un mal menor dentro de un panorama sombrío.

El 7 de marzo se votó en el partido el nombramiento de Golda como primera ministra, y el resultado fue tan sorprendente como arrollador: 70 votos favorables y ninguno en contra. La facción del *Rafi* se abstuvo, pues Dayan prefería en todo caso a Golda Meir que a Allon, y se alcanzó un consenso prácticamente absoluto. Aunque Golda se sentía enormemente cansada, llamó a sus hijos y les comunicó que iba a hacerse cargo de la dirección del país, y toda la familia estuvo de acuerdo: por duro que fuera el trabajo, debía aceptarlo porque no había otro remedio. Así pues, Golda, definitivamente, aceptó el encargo con lágrimas en los ojos, lágrimas de emoción, primero por ver que era querida entre su gente, y segundo porque acababa de llegar mucho más alto y mucho más lejos de lo que hubiera sospechado en su vida. Nunca soñó con ser primera ministra de Israel, nunca imaginó siquiera la posibilidad de presentarse a aquel cargo, y sin embargo se veía aupada a él por las circunstancias y por su propios compatriotas, que demostraban con ello verla como una de las personas capaces de salvar, una vez más a su país, en un reconocimiento implícito de cuánto había trabajado Golda por Israel, por su nacimiento y por su supervivencia.

Golda volvió a dejar su nueva casita, ésa que había empezado a cumplir el papel de sede de su retiro y que tan poco tiempo había prestado servicio como tal, para trasladarse al edificio en el que habían vivido Ben-Gurión, Sharett y Eshkol, no porque se tratase de una residencia oficial para el primer ministro, sino simplemente porque la seguridad de la casa era infinitamente superior a la de cualquier otra, pues había ido reforzándose con los años hasta convertirse en una especie de Palacio Presidencial no oficial pero sí *de facto*.

Fue en aquel año de 1969 cuando Golda, ya primera ministra de Israel, se negó a asistir al cumpleaños de Gurión. Su viejo jefe y amigo había roto con el *Mapai* para fundar aquel nuevo partido, el *Rafi* (la Liga de Trabajadores de Israel) que hemos mencionado hace unas líneas y en el que también militaban Moshé Dayan y Shimón Peres, que como acabamos de señalar decidieron abstenerse en la votación para el nombramiento de la señora Meir. Más tarde, cuando Golda presentó su primer gobierno, Ben-Gurión también se abstuvo en la votación, y aunque declaró a la prensa que sin duda Golda Meir reunía aptitudes suficientes para el cargo, no debía olvidarse tampoco que había prestado su apoyo a algo inmoral, refiriéndose a aquel caso Lavon que aún tenía clavado. Era evidente que Gurión estaba completamente convencido de que lo que sostenía era cierto, por lo que en justicia hay que reconocer que fue honrado consigo mismo hasta el último día de su vida. Si estaba equivocado o no en aquel asunto nunca lo sabremos, pues nunca quedó definitivamente claro qué fue lo que ocurrió en realidad en aquella desgraciada operación del caso Lavon. Finalmente haría las paces con Golda cuatro años más tarde, en otra fiesta, esta vez la del septuagésimo quinto cumpleaños de ella.

XXXIII. AÑOS DE AFIRMACIÓN

No tardó Golda Meir en inaugurar su cargo con una nueva catarata de problemas bélicos sobre sus espaldas. Nada más instalarse en su nueva residencia oficial ya resonaban otra vez los tambores de guerra. De hecho, la guerra de desgaste iniciada por Egipto en marzo de 1968 seguía a pleno rendimiento, pero no era lo que podría considerarse una guerra abierta y con posibilidad de un final radical y decisivo. Era precisamente eso, una estrategia de desgaste y cansancio que funcionó hasta el verano de 1970 con la Unión Soviética volcada en ayuda de Nasser. Esta vez la estrategia era machacar de forma incansable las posiciones judías en el Canal de Suez y seguir con el acoso fronterizo y el terrorismo indiscriminado. Soviéticos y egipcios esperaban que los judíos acabarían claudicando, incapaces de soportar esa presión, pero de nuevo se equivocaron. Además, tampoco Israel parecía dispuesto a caer en la trampa de atacar de forma masiva a los egipcios, lo que provocaría una guerra total y abierta y permitiría la intervención inmediata de Moscú, que era lo que se perseguía, intervención que se realizaría apelando a la legalidad, con Israel en el papel de agresor y con el resto de las potencias atadas por esa circunstancia. Por eso, los judíos preferían seguir aguantando sin caer en la tentación de ajustar cuentas con el cada día más enloquecido Nasser, a quienes las izquierdas europeas y asiáticas manejadas por Moscú dibujaban como el más grande y justo líder árabe, mientras el resto del mundo lo describía como un demente más peligroso que Hitler y capaz de hacer estallar el Islam, siempre con la ayuda y la financiación de Moscú.

Pero en 1970, Nasser murió de un ataque cardíaco y los planes soviéticos se trastocaron. Se dijo que fue asesinado por los propios países árabes que veían en él a un *Rais* extremadamente peligroso, pero nunca pudo demostrarse que así fuera. Tampoco interesaba demostrarlo. El hecho es que su muerte provocó una situación, no deseada por los rusos pero sí por todos los demás, en la que empezó a hablarse de alto el fuego y de conversaciones de paz. Hasta ese momento todos los intentos llevados a cabo por Golda para hablar con los dirigentes árabes habían fracasado de manera total, pues ninguno de ellos quería, o ninguno se atrevía a hacerlo, entablar conversaciones con los judíos que hubiesen podido molestar a egipcios o soviéticos. Finalmente, en aquel momento crítico el secretario de Estado norteamericano del gobierno de Richard Nixon, William Rogers, propuso que Israel entablase conversaciones con Egipto y Jordania. Las condiciones que se proponían para una paz duradera incluían que Israel abandonara los territorios ocupados en la guerra de 1967, y que se firmara un nuevo alto el fuego con Egipto para acabar con aquella guerra de desgaste. Pero esta vez fue Israel quien no dio su brazo a torcer. Contra la opinión de Golda, que sostenía que la situación había cambiado y era preciso negociar, el *Gahal*, el bloque antisocialista compuesto por el partido izquierdista *Hersut* y el Partido Liberal de Menahen Begin se opuso a esas condiciones. No habría alto el fuego si Israel no recibía más armas para su defensa y se aceptaban una serie de condiciones mucho más favorables para los judíos. Esto provocó una gran batalla interna en Israel, pues unos querían la paz (Golda entre ellos) y otros estaban hartos de ser engañados una y otra vez con ofertas que no se cumplían y acuerdos de alto el fuego que sólo servían para que sus enemigos recobrasen el aliento. Finalmente, por suerte, se consiguió imponer la cordura y la intransigente postura del *Gahal* fue derrotada, provocando la dimisión de cuatro ministros de este partido pero a la vez salvando la ayuda americana, que hubiera desaparecido por completo de haber mantenido Israel la postura preconizada por la alianza antisocialista.

Varios meses llevaba Golda en su puesto de primera ministra cuando decidió ir a Washington para entrevistarse con Nixon, el Congreso y el Senado e informarse sobre el terreno de cuál iba a ser en el futuro la posición norteamericana respecto a Israel. Era hora de dejar claras las posturas y de pulir los conceptos sobre los que habrían de asentarse las bases de la futura relación entre ambos países, y sólo sobre el terreno y en directo podía acometerse tan compleja tarea. Golda ya sabía cómo negociar en América, era especialista y no le arredró el plan. Aunque no conocía personalmente a Nixon ni a sus más directos colaboradores, confiaba en que el presidente se mostrase accesible.

Poco antes de la cena en la Casa Blanca, ambos presidentes se reunieron. Golda y Richard Nixon hablaron largo y tendido, y la líder israelí pudo exponerle abiertamente y sin interferencias el auténtico estado de las cosas, el peligro real que su país y todo Oriente Medio corría y la urgencia inevitable por arreglar aquella situación explosiva. Había ido a Washington a pedirle a Nixon que Estados Unidos vendiera armas y aviones a Israel, y no sabía si aquella petición sería o no escuchada y hasta qué punto podría ser satisfecha. Nixon, como había hecho en público horas antes, expuso la postura americana describiéndola como *favorable a la paz en Oriente Medio*. Pero en la conversación privada que ambos mantuvieron fue mucho más explícito: Estados Unidos se había comprometido a ayudar a Israel e iba a mantener aquella promesa hasta conseguir que los árabes aceptaran la paz para Oriente Medio. Discutió con Golda la posibilidad de la creación de un Estado palestino, aquel que años atrás Israel había aceptado pero no los árabes, y que ahora no aceptaba Israel alegando que, en estas nuevas circunstancias, todo había cambiado y la creación de un nuevo Estado árabe en la zona sólo sería una excusa para montar allí una base desde la que atacar a los judíos más cómoda y eficazmente. Golda Meir expuso ante Nixon la postura israelí: los palestinos deberían buscar la solución a su problema junto con Jordania. Le expuso también su seguridad de que Rusia, en cualquier caso, se opondría a cualquier arreglo en Oriente Medio, y que por tanto las hostilidades continuarían e Israel sólo podía estar preparado para defenderse. Nixon escuchó cuanto Golda tenía que decir, y le dijo que pronto tendría su respuesta.

La cena en la Casa Blanca y la recepción en honor de Golda Meir fueron un éxito total y un acontecimiento social sonado. Qué quería demostrar Nixon con ese detalle de haber montado una de las mejores fiestas que se recordaban en la Casa Blanca fue, en principio un misterio para todos, pero pronto habría una explicación. Durante los cuatro días siguientes la primera ministra israelí realizó una completa y cumplida visita oficial a Washington, con innumerables actos oficiales en su calendario y recibiendo constantes honores para ella y para Israel. Visitó el Departamento de Estado, el de Defensa, se reunió con los más importantes secretarios (ministros) del gobierno y de los medios de comunicación y protagonizó varias importantes conferencias de prensa en las que pudo comprobar con enorme alivio la total ausencia de hostilidad que los norteamericanos demostraban hacia Israel, al que evidentemente consideraban un aliado, no un enemigo. Incluso los periodistas más «difíciles» se dirigían a ella con simpatía, preguntándole por su vida familiar y por su apasionante historia pasada, y su papel como política de primer nivel no ocultó su papel como madre y abuela capaz de tener también una vida privada y una historia íntima y entrañable que relatar.

Fue luego a Nueva York para visitar también las Naciones Unidas, se entrevistó con innumerables personalidades que acudieron a verla a su *suite* del Waldorf Astoria y estableció una serie de nuevos compromisos con los más importantes judíos norteamericanos. Fue, en suma, un viaje lleno de éxitos y buenas perspectivas, pero cuando regresó a su país Golda no sabía aún exactamente hasta qué punto había conseguido convencer a Nixon y a su gobierno para que la ayuda a Israel se convirtiese en un hecho firme, importante e inamovible. No tenía aún respuesta a sus peticiones sobre la compra de armas, aviones y barcos de guerra, pero lo que sí tenía eran muy buenas sensaciones sobre las bases sentadas para esos acuerdos. Entre tanto, la guerra de desgaste seguía y la necesidad de acabar con aquella situación se hacía más perentoria cada día.

En ese momento llegaron las elecciones de octubre de 1969; Golda había cubierto su encargo de ser primera ministra hasta ese momento y no tenía ganas de presentarse a la elecciones, pero una vez más las circunstancias se habían aliado para mantenerla en escena. Sus acuerdos pendientes con Nixon eran tan importantes y su relación con el presidente norteamericano tan buena que ahora resultaba imposible que Golda cediese a otro el testigo, corriendo el riesgo de que toda aquella gigantesca posibilidad se fuese al traste. Golda ganó las elecciones en su partido y en el país, y siguió siendo primera ministra pero desde ese momento en un cargo electo, por derecho propio, no cubriendo interinamente el puesto obligada por las circunstancias. Ahora tenía que dedicarse por completo a solucionar no sólo el problema de la eterna guerra sino los cada vez mayores problemas políticos, sociales y económicos que estaban surgiendo en Israel como resultado de aquella guerra de desgaste que estaba haciendo mella en todos los sectores del país. Golda se aplicó a hacer entrar en razón a los distintos grupos sociales enfrentados entre sí, a convencerles de que siempre había sido la unión en los momentos difíciles la que había permitido a Israel sobrevivir contra viento y marea, y que las huelgas y los enfrentamientos sociales, en aquellos momentos, eran lo que los árabes perseguían, era hacerles el juego. Pidió paciencia al país para afrontar todos y cada uno de los problemas y trató de establecer una especie de gran alianza nacional. Y entre tanto llegó aquel verano de 1970, murió Nasser, llegó el alto el fuego negociado por Estados Unidos (que poco antes de su muerte el líder egipcio había dicho que rompería a los tres meses) y llegaron dos años de relativa tranquilidad. Durante 1971 y 1972 Golda consiguió solucionar buena parte de los muchos problemas que agobiaban al país, pero tampoco esta vez la paz iba a ser duradera porque, con o sin Nasser, los soviéticos no estaban dispuestos a que su plan para la zona fracasase definitivamente sólo porque Israel no se dejaba aplastar por los árabes. Así que volcaron nuevas fortunas sobre los grupos terroristas, a los que lanzaron a actuar por todo el mundo. En el puerto de Lydda unos peregrinos católicos fueron ametrallados de forma indiscriminada porque entre ellos viajaba un eminente científico israelí; en Munich, la banda de asesinos de *Septiembre Negro* conseguía sobrecoger al mundo con el asesinato de los atletas israelíes durante la Olimpíada; en la ciudad de Ma'alot otra banda criminal de terroristas árabes realizaba una matanza de niños israelíes mientras estaban en la escuela. El mundo asistía asombrado a aquella avalancha de salvajismo mientras los partidos de izquierda de distintos países recibían las consignas y el dinero de Moscú para seguir pintando a aquellos asesinos carniceros como heroicos libertadores de su patria. Y entre tanto, Israel seguía manteniendo la sangre fría, fortaleciendo su ejército y convirtiendo su Servicio Secreto, el *Mossad*, en uno de los más temibles y eficaces del mundo. Golda Meir estaba detrás de aquella sangre fría, o mejor... allí y entonces podía apreciarse con toda nitidez la sangre fría de Golda Meir.

Cuando los asesinos de los atletas judíos en Munich fueron puestos en libertad y trasladados a Libia a las seis semanas de haber perpetrado su matanza, en medio de una repugnante campaña financiada por Moscú y representada por sus actores, los partidos de extrema izquierda, esa sangre fría hirvió, pero Golda supo contenerse una vez más. Sin dejar de realizar las campañas de castigo sobre las cada vez más numerosas bases de terroristas que de nuevo infectaban las áreas fronterizas, la primera ministra volvió a intentar poner en marcha una operación destinada a conseguir una paz duradera. Era un momento muy duro y encontró enorme oposición dentro de su propio país, pues los israelíes estaban mucho más que indignados con las campañas árabes, el creciente terrorismo y las cada vez mayores salvajadas de los «heroicos grupos palestinos», a los que había quien consideraba héroes simplemente por creerse lo que los partidos izquierdistas de sus respectivos países les hacían tragar mediante campañas falsas y sin posibilidad de contestación.

El 16 de enero de 1973, Golda Meir fue recibida por el Papa Pablo VI, una larga audiencia en la que explicó al Pontífice la realidad de la situación desde el punto de vista judío y le expuso su buena voluntad a todos los niveles en todo lo referente a los Santos Lugares, a la vida que los cristianos llevaban en Israel, donde no se les ponía impedimento alguno para nada y, en suma, solicitó su ayuda y mediación para lograr un acuerdo de paz para Oriente Medio que fuese realmente veraz y duradero. Pablo VI se comprometió a utilizar toda su influencia, pero aparte de que su promesa indignó a los árabes, poco pudo hacer pese a su buena voluntad.

En 1973 Golda pensaba de nuevo en retirarse de la política. Sus acuerdos con Estados Unidos habían fructificado en una alianza sólida cuyos resultados prácticos se llevaban con la máxima discreción. Iba a haber nuevas elecciones y de nuevo le pedían que se presentase, porque seguía siendo una de las personas más fiables y solventes de Israel, tanto dentro del país como de cara al resto del mundo. Y de nuevo, y aunque más cansada que nunca, aceptó encabezar las listas de su partido. Su presencia a la cabeza de Israel era para todos una garantía de que, si algo grave pasaba, tenían siempre junto a ellos a Golda Meir, a quien en todo el mundo se respetaba como a ningún otro político israelí. Las elecciones serían en noviembre, y en marzo, ya decidida a volver a presentarse, Golda viajó de nuevo a Washington y después a Europa para tratar distintos problemas, en su mayor parte relacionados con las acciones terroristas de los grupos árabes que cada día hacían más angustiosa la vida de medio mundo.

Fueron aquellos unos años de afirmación; los años de Golda Meir como primera ministra de Israel fueron la etapa más difícil para el país pero también en la que los judíos consiguieron asentar definitivamente su economía y sus alianzas futuras. Y cuando Golda estaba a punto de presentarse a ese nuevo mandato, estalló otra vez la guerra.

XXXIV. LA GUERRA DEL *YOM KIPPUR*

La guerra de octubre de 1973 se llamó de dos formas, ambas utilizando nombres de fiestas religiosas, una de cada bando: la Guerra del *Yom Kippur* para los judíos y la *Guerra del Ramadán* para los árabes. De nuevo Israel tuvo que enfrentarse a Egipto y Siria, y de nuevo Israel ganaría una contienda que pudo haberse evitado y que fue provocada por los árabes bajo las órdenes de la Unión Soviética, pertinaz en este asunto como en pocos otros lo había sido a lo largo de toda su Historia. Una guerra que costaría la vida a 2.500 israelíes y un enorme disgusto a Golda Meir, a quien algunos culparon de haber pecado de inocente y poco precavida, de haber permitido que Israel fuera pillado por sorpresa. Porque por sorpresa se produjo aquel ataque, el día 6 de octubre de 1973, el día del *Yom Kippur*, la más importante fiesta religiosa judía. Sirios y egipcios llevaban meses acumulando tropas en la frontera, pero Golda y sus servicios secretos no llegaron a creer que se produciría un ataque, sino que se trataba de maniobras de intimidación dentro de la eterna guerra de nervios que se libraba en la zona. No fueron advertidos a tiempo de lo que se avecinaba.

Gracias a ese factor sorpresa, el mismo que había utilizado Israel en las guerras anteriores, las fuerzas árabes avanzaron con gran rapidez, cruzaron el Canal de Suez y tomaron los Altos del Golán. Pero el día 10 se inició el contraataque israelí. Estados Unidos y la URSS organizaron inmediatamente sendos puentes aéreos masivos, sin disimular en absoluto quién era aliado de quién. En pocas horas el ejército israelita dirigido por Moshe Dayan y un grupo de generales dispuestos a todo, reconquistaba los Altos del Golán y sus posiciones en Suez, y de nuevo los árabes resultaban derrotados como ya era costumbre y se estaba convirtiendo en tradición. Golda estuvo junto a Dayan en todo momento, analizando juntos las posibilidades de cada paso que había que dar en cada frontera y en cada frente, de cada iniciativa y cada estrategia, y de nuevo todo se desarrolló correctamente, con un ejército judío funcionando como un reloj y un ejército árabe en plena desorganización. Entre tanto, los foros de la política mundial echaban humo y medio mundo tomaba partido por una fracción mientras el otro medio lo hacía por la contraria. Moscú rugía de ira, advirtiendo que en cualquier momento podía enviar tropas en ayuda de Anwar el Sadat, el presidente egipcio que había sustituido a Nasser, pero esta vez no se encontró con un mundo con los brazos cruzados. Henry Kissinger, secretario de Estado norteamericano, viajó inmediatamente a Moscú para dos cosas: negociar la paz, según se dijo al mundo, y advertir a los soviéticos de que si enviaban tropas Estados Unidos también lo haría, cosa que no se dijo pero que resultó evidente para todos. La manipulación soviética en Oriente Medio se había acabado, y Moscú lo comprendió sin grandes esfuerzos. Así que de aquella reunión salió que Estados Unidos y la URSS habían decidido mediar en un acuerdo de paz, la ONU dictó una resolución de alto el fuego y el 25 de octubre la *Guerra del Yom Kippur* terminó. 2.500 israelíes y 12.500 árabes muertos pero sobre todo, por fin una conclusión clara. Israel tenía un gran aliado en los Estados Unidos y, por tanto en su bloque, y ya no se repetirían aquellas situaciones de antaño en que los judíos hubieron de luchar solos contra cinco o seis países mientras el resto del mundo observaba cruzado de brazos. También quedaba claro que los Estados Unidos ya no iban a permitir que la Unión Soviética hiciera y deshiciera a su antojo en la zona, porque tras la crisis de los misiles de Cuba el escenario de la Guerra Fría también había variado. Ahora estaba claro que el panorama mundial era diferente, y eso, al menos, podía servir de base a una paz más duradera...

XXXV. EPÍLOGO A UNA LARGA E INTENSA VIDA

Pero nuestra historia no es la de Israel, sino la de Golda Meir. Si bien es cierto, por supuesto, que cuanto hemos reflejado en este libro relativo a la Historia de ese país lo ha sido porque Golda formaba parte de ella. Golda Meir estuvo en el centro de Israel desde antes de que el propio Estado existiera, y en su cúspide estaba cuando esta *Guerra del Yon Kippur* puso fin a su carrera, o quizás fue la excusa para que al fin pudiera descansar. La guerra acabó y la tranquilidad empezó a reinar de nuevo, y los ataques a Golda llegaron con la paz, esa que ella tanto buscaba. Ataques que no sólo iban contra ella, sino también contra Moshe Dayan, a quien Golda defendió desde el primer momento y hasta el último instante. Las batallas políticas internas se reproducían ahora, con la guerra ganada y la paz asegurada, y lo que sucedió a partir de entonces en el Parlamento judío entristeció profundamente a la primera ministra. Esos políticos que ahora se lanzaban de nuevo a sus batallas particulares por el poder hablaban de aquella guerra y de aquellos muertos de una forma artificial y fría, limitándose a utilizar las vidas perdidas de jóvenes judíos en su propio beneficio pero sin molestarse en analizar las causas de aquella pérdidas ni en asegurar que harían lo posible porque algo semejante no volviera a ocurrir. A Golda le quedaban ya muy pocas ganas de seguir al frente del país, pero al presenciar aquella actuación lamentable de políticos como Shamuel Tamir o Menahen Begin, el cansancio se le volvió asco. Hasta el último momento apoyó a Dayan, pero apenas se molestó en defenderse a sí misma, en justificar sus decisiones y mucho menos en explicar el por qué era la paz su principal meta y la única solución que veía factible para el futuro. La acusaban de haber movilizado a los reservistas de una forma inconsciente y precipitada, lo que había costado la vida de muchos de ellos. Se nombró una comisión para estudiar lo ocurrido. Entre tanto, el último día de diciembre Israel celebró nuevas elecciones. El *Ma'arach* ganó, pero una serie de nuevas alianzas convirtieron el Parlamento israelí en un intrincado y complejísimo laberinto que Golda, a esas alturas, ya no estaba dispuesta a recorrer una vez más. En marzo, tres meses después de haber sido reelegida, empezó a pensar seriamente en dejar el cargo y dimitir como primera ministra, pero en esa ocasión de una forma definitiva e irrevocable. No había guerra, y no era necesaria su intervención inmediata en algún acuerdo político pendiente.

El 2 de abril de 1974 se publicaban las conclusiones del llamado *Informe Agranat*, el resultado de esa comisión de investigación que buscaba esas responsabilidades que algunos políticos exigían y que fueron imposibles, lógicamente, de establecer. El informe exoneraba por completo tanto a Moshe Dayan como a Golda Meir...

> *... de toda responsabilidad directa en la teórica falta de preparación de Israel para afrontar aquel ataque del Yom Kippur,* y destacaba que *Golda Meir, en la mañana del día en que se inició la guerra, actuó con buen juicio, con sentido común y con rapidez en favor de la plena movilización de los reservistas, tal como recomendaba el jefe del Estado Mayor, a pesar de las graves consideraciones políticas, realizando con ello un importantísimo servicio a la defensa del Estado.*

Pero a Dayan, aunque como hemos dicho le exoneraba de toda responsabilidad, le trataba sin embargo con mucha dureza, lo que provocó que éste dimitiera de su cargo de jefe del Estado Mayor nada más conocer el resultado del informe y abandonara luego su carrera política. Eso fue algo que no gustó a muchos ciudadanos de Israel, que consideraban al ministro de Defensa, como mínimo, tan responsable como el propio Dayan, y aquella dimisión no fue bien acogida. Una inacabable serie de conversaciones y negociaciones se desarrolló en aquellos difíciles días en busca de una solución para la crisis, pero finalmente el 10 de abril Golda decidió tirar la toalla. Su cansancio había desbordado a su entusiasmo, y anunció al partido su decisión de dimitir y dejar la política. Le suplicaron que recapacitara, pero esta vez no hubo más vueltas de tuerca. El 4 de junio concluyó su última gran tarea, la firma en Ginebra de un acuerdo de separación de tropas con Siria, en el que había mediado Henry Kissinger, y los prisioneros de guerra regresaron. Y en ese momento Golda decidió acabar con su carrera política y, por fin, descansar. Habían sido cincuenta años de lucha incesante, cincuenta años en primera línea, en los puestos más conflictivos y cargados de responsabilidad de un Estado en formación y, más tarde, en el puesto más alto de ese mismo Estado que ella había ayudado a nacer y crecer. Había sacrificado su vida privada, había perdido a su marido por anteponer una y otra vez sus obligaciones políticas a su familia y a su propia vida íntima. Había puesto su alma y su existencia al servicio de Israel, y ya no podía hacer ni dar más. Había conseguido construir aquel Estado que todos los judíos del mundo soñaron y que sólo unos pocos tuvieron la fortuna y el valor de poder ayudar a construir. Golda lo había dado todo por Israel, y nadie lo olvidaba pese a las rencillas políticas o a las guerrillas internas por el poder. Personas como ella o como Ben-Gurión eran entonces, y lo serán para siempre, para todos los judíos del mundo, los Padres del Estado de Israel. Por eso cuando cuatro años más tarde, en diciembre de 1978, a los ochenta años de edad, Golda Meir murió, todo Israel la lloró como la lloraron millones de judíos en todo el planeta. Y también por eso todos los judíos la recuerdan como «Nuestra Golda».

TÉRMINOS EN HEBREO

Incluimos una relación de algunas palabras en hebreo que aparecen frecuentemente en el libro. Respetamos los términos originales porque suelen ser de uso corriente en los medios de comunicación y en los libros de Historia.

Histadrut: Federación General del Laborismo Judío.
Poalei-Zion: Partido Laborista Sionista.
Solel Boneh: Departamento de Construcción y Obras Públicas del *Histadrut*.
Va'ad Hapoel: Comite ejecutivo del *Histadrut*.
Haganah: Organización clandestina de autodefensa judía.
Mapam: Partido de los Trabajadores Unidos.
Mapai: Partido Laborista de la Tierra de Israel, (el Partido Laborista más importante).
Kashrut: Leyes alimentarias del judaísmo.
Yishuv: Estado «virtual» judío en Palestina.
Havalaggah: Política de autocontención de la inmigración.
Kibbutz: Asentamiento rural en régimen de colectividad.
Irgun Zvai Le'umi (IZL): Organización extremista clandestina disidente del *yishuv*.
Grupo Stern: Otra organización extremista clandestina disidente.
Minhelet Ha-Am: Administración del Pueblo.
Fedayin: Terroristas árabes entrenados y financiados por Egipto y la Unión Soviética.
Yom Kippur: La de la Expiración.
Yiddish: Término que defino todo "lo judío", empezando por el idioma y evolucionado del hebreo y el arameo.
Ma´arach: Partido Laborista de Israel, nacido de la Unión de todo el laborismo.

BIBLIOGRAFÍA

AGRESS, E.: *Golda Meir: Portrait of a Prime Minister*. New York: Sabra Books, 1969.

AVALLONE, M.: *A Woman Called Golda*. New York: Leisure Books, 1982.

EBAN, A.: *The Political Legacy of Golda Meir*. Milwaukee: Golda Meir Library, University of Wisconsin, Milwaukee, 1995.

GIBSON, W.: *Golda: How to Turn a Phoenix into Ashes*. New York: Atheneum, 1978.

MANN, P.: *Golda: The Life of Israel's Prime Minister*. New York: Coward, McCann and Geoghegan, 1971.

MEIR, G.: *My Life*. New York: G.P. Putnam's Sons, 1974.

MEIR, M.: *My Mother Golda Meir: A Son's Evocation of Life with Golda Meir*. New York: Arbor House, 1983.

MORRIS, T.: *Shalom, Golda*. New York: Hawthorn Books, 1971.

SHENKER, and SHENKER (editors): *As Good as Golda: The Warmth and Wisdom of Israel's Prime Minister*. New York: McCall, 1970.

SYRKIN, M.: *Golda Meir: Israel's Leader*. New York: G.P. Putnam's Sons, 1969.